人の話を聴く

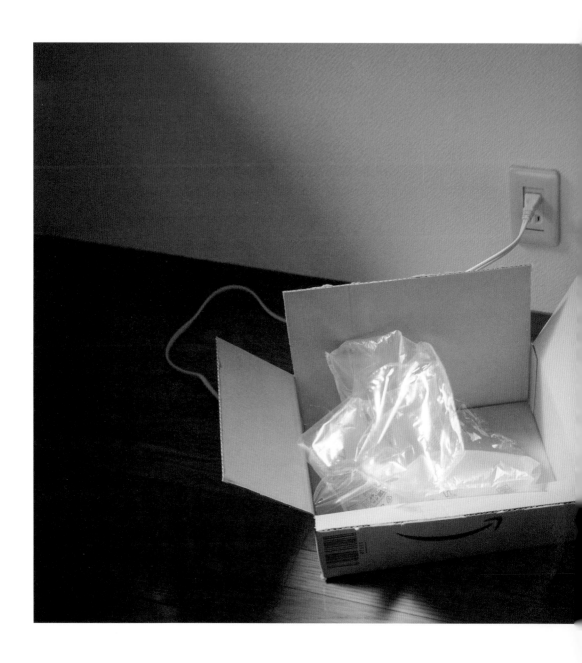

インタビュアーに話をする。その後、自分がインタビュイーとなり、
質問を考え、誰か一人を指名する。その人の話を聴く。話を記録する。

1.

米山菜津子が加瀬透の話を聴く

Sep 1, 2020

「ターニングポイントについて教えてください。」色々あるけど、この前言った、
あれかもしれないですね。19くらいの時に服が好きだったんですよ。で、その頃
の話を。小さい頃、美術館によく行ってたんですよ。父親が好きで。家族総出
で毎月のように連れまわされてたんです。いろんな美術館に行ったけど、まあ、
自分たちもデカくなったので、連れて行くってことではなくなったんでしょうね。
で、まあけど、昔行ってたギャラリーからDMとか届くんですよ。父親は自分が
19くらいの頃にはそこまで美術館やギャラリーなどには行かなくなってて。で
もDMは届く。そこで、なんて言ったのかわからないんですけど、そういうのっ
てどういうものなのかと。何か面白い展示ない？って訊いたのかもしれないです。
父親に。そしたら、そのテーブルの上に置いてあった、河原温さんっているじゃ
ないですか。その時は知らなかったんですけど。河原温さんのDMが置いてあ
って、これ行ってくれば？って。それが港区の、なんてギャラリーか……調べ
たらわかるかもしれないんですけど [1]。そこに、これでも行ってくれば、みたい
な感じで言われて。まあ、行ってみたんですよ。それが自分にとって、初めて能
動的に、文化的施設に行ってみた経験。服装も、その頃のとにかく派手な服が
好きな状態で。なんかその、多分、上半身の服装は覚えてるんですよ。ギャル
ソンで。トリコだったかもしれない。レディースのやつをブランド古着屋で買っ
て、なんかその、総柄のやつだったんですけど。色は……、なんか、こう絵が
描いてあって。その上に水玉が乗っかってるんです。それを着て行って。よくも
わからず。そこは倉庫的な建物だった気がするんですよ、港区の。倉庫というか、
そういう感じの建物の中に入っているギャラリーで、コンテナみたいなエレベー
ターでウィーンって上がっていって、なんとなくぽやっと覚えてるんですけど。

入ったらすごい大きい空間があって、そこにギャラリーのオーナーの人がいて、「見に来たの？」って。で「父がこういうDMを貰ってて」「ああ」みたいな感じで、「まあ見てってください」って。で、緊張したんですよ。僕以外誰もいなくて。足音もカツンカツンと響いて。すごい広かった。その時の自分には広かった。今見たらわかんないですけど。で、本の展示だったんですよ、それが。何か、本的なことだった。何か並んでて、でもすごく小さいんですよ。大きいものがある感じじゃなくて、ちっちゃい、マルチプルのようなイメージだったんです。で、それを見て。どう見たらいいのかもわからないし。でも、まあ、汗だくで見て。緊張して。帰ったんです。で、その駅に帰る途中にちっちゃいトンネルがあったんです。すんごいちっちゃいトンネルが。自分の印象だと、自転車と人だけが通れるくらいの、長さ的に言ったら、2mとかそんなものだった気がする。で、ふっとトンネルの壁の方を見たら、すごい面白かったんですよ。ふと、なんかこう、その壁の模様が気になるようになって。それがどういう意味かはわからないんですよ。わからないんだけど、とにかくその壁の模様が気になるっていうことが出てきて。その瞬間に、初めて、自分の意思を持って、意味を求めに行くというか。無意味なものに意味を求めていく、みたいな作業だったと思うんですよ。なにか学校の先生から「こういうことをやってください」とか、まあ自分でじゃあそこから選ぶとか、もともと意味があると言われているところからの選択は行っていたけど、それまでトンネルの壁は僕にとって全く、意味がないものだった。そこで初めてそういう世界に興味が出たかもしれない。その日のことをすごい覚えてるんですよ。その日が、そういう世界を覗き込んだ瞬間というか。うーん、もともとの……それまでと、違う自分というか。そこからいろんなことに、例えば、ニューヨークのMOMAに行って世界の名品とされるものを見てみたりとか。ニューヨーク行ったんですよ。20歳くらいの時に。これもとても打ち震えたのですが、それよりも、その前の年に出会ったトンネルの壁の方が印象に残ってるんですよ。ただその夏の、そのギャラリーというものに初めて行って、そのギャラリーの中の作品、河原温さんの作品ではなくて。その帰り道に通った壁の、傷の感じというか。いやもう何の変哲もない壁ですよ。何か絵が描いてあるとかじゃなくて、割れてるんですよ。クラックがあって。剥離してるんです。なんてことないんですよ。けど、うーん、何かとても面白いものに見えたんでしょうね。それまでは、そういう意味では、違う……なんだろう、うーん、言語化が難しいんですけど。見るということだったのかもしれないです。能動的に、より見る。うーん。「その時のことって、どのくらいの頻度で思い出すんですか？」ああ

……でも一年に一回とか。染みついている感じというか、なんかそこがポチッと点になってて、そこから放射線状にファーっと広がっているというか。その後の自分の行動が。そういう印象があります。それぞれもちろん、またポイントポイントで劇的な体験みたいなものはあるんですけど、それ以前にあったことではそういうのはなかったかもしれない。例えば交通事故にあったことがあるんですよ。12～3歳くらいの時に。その時は、僕が信号無視をしていたわけじゃなくて向こうが信号無視をしてて、僕ははねられてしまったんですけど。まあ生きてるんで大丈夫だったんですと。それもすごいショッキングな経験だったんです。自転車は壊れちゃって、警察とか病院とか行って。でもそれってすごく外的な、こう、外部から刺激がやってくる状態で、それにショックを受けた状態だけど、そのトンネルの壁を見た経験っていうのは、勝手に自分から意味のない壁にある種の喜びというか、楽しみを抱いてしまうということがあったんです。それがすごい印象に残っていて。

ちょうどこの前、安部公房の娘のねりさんが書いた安部公房についての本というか、『安部公房伝』を読んでて、そのど頭に、安部公房の確か短編だったと思うんですけど、「カーブの向こう」っていう話があって、これは要検証なんですけど、確か「燃えつきた地図」っていう長編小説の元ネタというか原型が多分「カーブの向う」だったような気がするんですけど、その一節に、カーブの向う側の景色、目に見えないものを見ようとして吐き気がした、っていうような一節があったんですよ **(2)**。その感覚、めっちゃわかる。吐き気っていうのはあれかもしれないですけど。目に見えないものを見ようとして。バンプオブチキンじゃないですけど(笑)、この前もその話したんですけど、バンプオブチキンは望遠鏡を覗き込んで、安部公房は吐き気がして、僕は享楽を感じたっていう(笑)。でもその不可視なものというか。オカルトとはちょっと違うんですよ。うーん、見えないものではなくて、見えてるものではある。それの、意味になる手前というか。その、言語化される以前の感動みたいなものがあると思ってて。その後に言葉になっている。その初めてMOMAに行った頃、20歳頃、ジャクソン・ポロックがすごい好きだったんですよ。それは最初は画集で見て。本物が見たいって思ってMOMAに行って、すごい大きいものがあるってことで。やっぱりその時に、何がすごいのかわからないけどただ打ち震えるっていう感じがあったんです。その当時。今見たらわからないですけど。それ以上の感じをその壁からは原体験的に受けたんですよね。語りうる言葉を持ってないので、ただ打ち震えるってい

う。そういう感覚は今でも大事というか。こう、説明されて、確かにその構築されたものというか考えた論理が面白いなと思うことがあったとしても、直観知としてあんまりいいと思っていないと、感動できないというか。感動してないというか。言葉で説明……説明以前のものというか。なんかそれは、出来事に立ち会うっていうことかもしれないです。そういう、なんかこう、何かを、ものをというか、例えばこれはコップと言えるけど、今飲んだことは出来事的には代替不可能じゃないですか。概念的には説明できても。なんかそういうことというか。ただ出来事だけが迫ってくる。意味じゃなくて、その、出来事が。そういう経験を忘れてはいかんという気持ちが。あるかもしれないです。「目の前にあるものにウワーッとなる時に、その時のことを思い出すんですか?」そうかもしれないですね。あの日のトンネルの壁にガツっと過剰接続する感じというか。時空を飛び越えて。もちろん歳をとっていって、いろんなものを見てしまって、いろんなものを経験してしまって、やっぱり初めてのものって感動すると思うんですけど、何事も。そういう感覚って失われつつあるんですけど。でも、30代になってきて、ちっちゃい喜びを見出しはじめました。なんかその大きな喜びっていうのは、もう予測してしまうんですよ。あんまり良くないんですけど。美術館とかに行っても、こういう感じか、とか、この感じは見たことがある、と、まあ見たことはないんですけど、直感的に入ってこなくて、構造的に分析してしまう。直感的にこれはすごい、ただすごいと思う、そう思うことが少なくなってきて、ちっちゃいことに目がいくようになりました。よりだから壁に近づくというか。なんてことない、表現されたものじゃなくても、感動できるというか。スーパーで買った林檎を見てきれいと思う、というか。目の前にあったものを見ていなかったと気づくというか。そういう感覚に近づくのかもしれないです。

そういう意味では、青春期を飛び越えて、赤ちゃん。ある意味幼体に向かいたいと思っているというか。すごいその子供の頃の記憶ってなぜかキラキラしていると思うんですよ。見るものが輝いて見えるというか。空気感を覚えていて。実家の午後の階段に指してる光とか、あの時すごい何か、何も思っていなかったけど、今その光景を思うとすごいきれいだったなと、そこに埃が照らされてキラッと輝いている感じとか。まあ実際あったのかわからないんですけど、妄想なのかもしれないし、ノスタルジックに美化してしまっているのかもしれないけど。なんかただそれだけでも面白いと思えた時期ってある気がしていて、それが受けてきた教育とか社会との繋がり方とか、人はこういう風にこの物事を捉えるも

のだっていう、それより、ただ生物としてその事象があらわれて、受容体として激しく求め受け取ってる感じ、みたいなことが、回復していったら、いいなと。

うーん。最終的にはどうなんですかね。勉強することは大事だと思ってるんですけど。大事というか、楽しい。何か本を読んだりとか。こういう思想があって、とか、面白いし読むんですけど。あまりに知性主義というか、言語信仰みたいになってしまうと、出来事の感動からはすごい離れる感じがあって、そういう距離感というものは、勉強すればするほど考えないといけない気がしてます。言葉はすごい大事ですし、言葉を介して考えてもいるんですけど、そういう知性だけじゃないなとやはり思っていて。知性のあり方として。言語的な知性だけじゃなくて、もうちょい直感的な知性のあり方ということを、原体験を思い出すと、その時は何も知らなかったけど、知らなかったが故に言語化されずにただ感動ということがあったっていう、そういうことはでも、小さい部分でもでき続けることの方がいいのではないかと思って。

レンマっていう話についての本や記事を読んで (3)。難しい話ではあったんですが、ひとつ排中律の否定っていうことがあって、俳中律はざっくり言うと中間を排するっていうものが西洋的論理構築の中核のひとつにあって、レンマはそれを否定するあり方というか。ある種、真ん中、無、空間みたいなことを描くというか。それは出来事的なことなんです。極に至ってなくて、生成変化し、動いているというイメージ。ものを動かした時に、AからB地点の間でも変化しているじゃないですか。その種々の変化っていうのが出来事だと思って。そういうことがすごく大事だというか、見落としがちなところじゃないですか。例えばものを運んで届けるとき、アマゾンの箱を受け取ったら、発送され届いた、っていうことはわかっても、見えてない配達員の方の動きとかって、なかなか考えないと思うんです。でも実際にはそういう出来事が起こっている。そこを排して考えてしまうっていうのが人間的な性質でもあるのかなと思って。複雑にあんまり考えられないんですよ。僕だけかもしれないんですけど。これとこれ、とか相対的に考えるのは得意な気がするんですけど、あんまりこう、複雑に3つくらいのものを考えられないというか。そういうところに取りこぼしてしまっているもの、出来事に含まれているもの。概念って、帰納法的に、これとこれとこれを並べて、この性質が似ているから、これをコップということにしましょう、という、そうではなく、種々の出来事を考える、ということを特にしたい。忘れたくないとい

うか。取りこぼした細部を。20代の頃は逆に構造的に物事を見るってことを結構していたなと。コンポジションとか、システムとか。世の中をシステマチックに見ていたんですけど、それだと取りこぼしてしまうものがあるっていうことに最近気がついて。それが出来事。意味前、ただそれが起きている。って考えた時に、トンネルに戻っていく。

(0) 米山菜津子は本誌の制作者。加瀬透はグラフィックデザイナー。1987年埼玉県生まれ。桑沢デザイン研究所卒業。告知物、書籍・雑誌、パッケージ等のデザイン、グラフィックワークの提供など。クライアントワーク以外に、リトルプレス制作や音楽制作・提供なども続けている。米山と加瀬は、加瀬が参加しているバンド「水中図鑑」のライブで2017年に初めて会って以来、交流がある。

(1) 後日、東京パブリッシングハウスにて2007年9月18日から10月5日まで開催されていた「河原温―本―」と判明。

(2) 「吐き気がこみあげてきた。見えないものを、むりに見とどけようとして、目をこらしすぎたせいかもしれない。」安部公房「カーブの向う」

(3) 木岡伸夫「〈あいだ〉を開く――レンマの地平」、EKRITS「仏教哲学の真源を再構築する――ナーガールジュナと道元が観たもの」More-Than-Human Vol.3 清水高志 インタビュー（聞き手：師茂樹）「レンマ学」とは何か――惑星的時代のもう一つの知性／中沢新一」現代思想2020年1月号 特集＝現代思想の総展望2020

「ターニングポイントについて教えてください。」今回、事前にご質問をいただいて考えてみると、僕の場合は要所要所に作品との出会いがあるなということに気が付いて。それで今日はそれぞれのターニングポイントにまつわる画集や作品集を持ってきてみました。そうですね、たぶん最初のターニングポイントは14歳のときでした。中学2年生の冬くらいで、そろそろ進路や将来のことを決めていかないといけないなというプレッシャーを感じ始めている時期で。その頃は部活をしたり学校の外で長くスポーツを続けていたり、子供の頃からずっと油絵を描いたりしていたんですけど、なぜかどれも身が入らなくなってしまって、ありがちな話ですが、自分のアイデンティティを模索していたんですね。そんな時にたまたま祖母と一緒に美術館に入ったことがあって、そこで見た絵に感銘を受けたという出来事がターニングポイントになりました。その時の感覚としては「すごいわかる」というものだったんです。僕は結構マンガやゲームが好きで、なんでもジャンキーにやり込みたがる性格。ハマっていたゲームも、何も見ないでマップが描けるようになるくらい隅々まで消費するところがあって。でもそういう消費的な喜びと、その時に覚えた「わかる」という感覚はかなり違う感覚でした。なんとなく「合点がいく」というか、こういう体験が世の中に存在するんだったら、自分もその道に進むしかないなと思ったんですね。「その、合点がいくという話、何か対象と符合する感覚みたいなものがあるからこそそういう言い回しになったのかなと思いまして、どういうことなのかなと。もう少し詳しくお聞きできたらと。」そうですね。ところで、なんだか加瀬さんからインタビューを受けるのって新鮮ですね（笑）。話が逸れてごめんなさい。加瀬さん、インタビューする側になるのって初めてじゃないですか？　「初めてですね（笑）。気になるポイントは聞いた方がいいのかなと（笑）。」ありがとうございます。でも、本当に的を射たご質問だなと。本題に戻ると、その時に見た作品の中に香月泰男の『凍土』という絵があったんです。シベリアに戦後抑留されていた香月がその時の体験を振り返りながら描いた絵で、シベリアの凍りついた大地が描かれているんです。［画集をめくりながら］これです。本当に地面だけが正面から描いてある、ちょっと抽象画みたいな絵ですね。解説には「霜の降ったツンドラ地帯にソ連戦車の軌道の跡が、スタンプで押したように残って、春までそ

のまま凍結しているそうだ」と書かれています。これを見た時に、もちろんそんな凍りついた場所になんて行ったことはないし、自分の体験と照らし合わせたわけでもないにもかかわらず、その冷たさがなぜか「わかる」と思って、すごく不思議な体験だったんです。自分で体験したわけではないにもかかわらず、不思議な実感が伴う感覚があって。その時に何か視界が開けたような感覚があったんです。美術の道に進もうと思ったのは、その時が初めてでしたね。ただその後も振り返ってみると、5年ごとくらいにそういう鑑賞体験が要所要所で起きている気がしていて、その度にものの見方が変わったり、アップデートされたり、OSごとと言ってもいいくらい大きく身体が変わるようなことが繰り返されてきたなと思います。だから全般的に言うと、「ターニングポイント」と言われて思い出すのは「ものの見方が変わった瞬間」だなと思いますね。それも無から急に変わるわけではなくて、何か既存の作品なり事物なりを見て影響を受けるパターンが多いですね、と整理してみます（笑）。「その、ある種のパラダイムシフトというか、価値観がひっくり返るという経験を通して、それは……ちょっと話が戻っちゃうんですけど、そういうことが起きる瞬間というのは、論理的なものではなくて経験的なものなのかなと思って。何かが積み上がって決壊するというよりは、外側から刺激が偶然にも訪れてしまって価値観がひっくり返るという体験な気がしているんですけど。受容的というか。その時に受ける印象というか、その幾度かあった瞬間に関して、共通して言えることってありますか？」確かに、自分の内からというよりは外からくる感覚のような気がします。例えば何かに対して怒る感情とか、嬉しいと思う感情とかもそれと一緒で、自分の外からくる感覚があります。だから感情って、なかなか完璧にコントロールはできないじゃないですか。怒りたくないのに怒ってしまうとか、嫌いたくないのに嫌ってしまうとか。つまり、外からくるものに自分自身が苛まれるみたいな経験だと思うんですけど、作品を見て「わかる」と思った感覚もそれに近かったと思います。でも、感情の中にも外からくる度合いが強い感情と弱い感情がある気がしていて。強いものって、例えば恐怖とか怒りとかのネガティブな感情が強いのかなと。それに対して喜びとか嬉しさとかは自分でもある程度コントロールできるじゃないですか。でも、恐怖とかは隠したくても顔に出ちゃうことがあると思うんです。自分自身が外側から何かに侵食されてしまう感覚というか。そういう意味だと、このシベリアの絵も基本的には怖い絵であると思っていて、だからこそ強烈に影響を受けたのかもしれないですね。ところでなのですが、それから10年弱くらい経って「心霊写真」をテーマにしたプロジェクト[1]を始めたんですが、それも「恐

怖」という感情が鍵になっていて、その感情を惹起するトリガーとして写真を捉えています。そんな風に「存在は知っているけど、人間がいかようにもコントロールできない感覚」と出会い直すことは結構大事なことだと思っていて、そのきっかけとして作品があるのかなということは思いました。そういうことが僕にとってはターニングポイント全体に言えることなのかなと思います。それを逆に考えると、作品なり何か媒介項がないターニングポイントってあり得るのかなと思うくらいで。自分の部屋に一人でいて、突然何かを思い立ってなかなか想像しづらいんですよね。

「最初に油絵を描かれていたということをお聞きしたのですが、その後ターニングしたポイントというのは、受容体的な心身の働きというか、圧倒的に何か強く揺り動かされているという体験が、逆説的に何かをつくるきっかけになっているのではないかと思って。つくることを通してつくることに興味を持つというより、受容体というかレセプタとしての経験の方が強くその先の活動に響いているのではないか、という感覚なのかなと思って。どちらも分けて考えられないことかもしれないですけど。さらにそれが一見ネガティブなこと、恐怖とか怒りとかを通してインパクトのある体験を受けたと思うんですけど、作家活動全体を通してもそういったことを扱おうということはあるのでしょうか？」まずは、そういうきっかけみたいなものを自分も与える側に回りたいなと思ったということが、表現したり発信したりする上では大きなモチベーションになっています。何かをつくっている人であれば、「いいものをつくりたい」ということは誰しも考えるじゃないですか。「じゃあその達成度合いはどうやって測るのか？」と考えた時に、例えば、これだけ話題になった、とかそういうことではなくて、どれだけ人に影響を与えられるかで測っている節が自分にはあって。もちろん、そんなのすぐに測れる話ではないんですが、自分の活動全体はそういう目で自己評価しています。だから、必ずしもネガティブな感情やインパクトのある体験を求めているわけではないんですが、何かを達成するための指標として、そういう要素を作品に採り入れることもありますね。「すみません、僕の言葉が足りなかったかもしれないです。原田さんの活動を通して、僕の主観的な見方になってしまうのですが、身体の負荷というか、マゾヒズム的な出来事に立ち会っているとお話を聞いて感じていたんですが、そういうことはあるのか、あるいはそれは内在的に行われているのか、自明的に行われているのか。そういう考えに対してはどうでしょうか？　例えば『One Million Seeings』(2)だと写真を24時間見る

とか、あと原田さんの文章に、写真がすごく重たいとか、腰に来るだとか。一見ネガティブなことを通して実感を得ているような気がして。楽しく明るいことではなく。行き場のない写真を見るっていうことも、そういうことに対して、今までのインパクトのあった経験に繋げて考えてみるんであれば、ターニングポイントと原田さんの作家活動との間ではどういうことが考えられるのかなと思って。」そうですね。順を追ってお話しできればと思ったんですが、さっき加瀬さんが「レセプタ」という言葉を使っていたじゃないですか。それを聞いて思い出したのが、香月泰男と同郷に宮崎進という画家がいるんですね。この人も戦後シベリアに抑留されていた人で、シベリア繋がりの同郷だからというわけではないんですが、この人も大好きな画家の一人です。それで以前に宮崎についての文章を書いたことがあって (3)、そのタイトルが「レセプタとしての大地」というものでした。たしか宮崎さんご本人がどこかで「レセプタ」という言葉を使われていて、しかも宮崎さんの場合、作品の主要なテーマがシベリアの大地なんです。ドンゴロスという荒い麻布を支持体に使って、シベリアの冷たく荒々しい大地を表そうとしていたんですけれど、大地ってどんなものでも拒まないじゃないですか。例えば長靴が落ちていたり、ボロ布が落ちていたりと、どんなものでも受け入れるレセプタとして、宮崎は大地を捉えていました。それはいわゆる日本の現代の路上とも違っていて、本当に何でも落ちているんです。それこそゴミも落ちているし、人間の亡骸も落ちているような、究極的に何でも受け入れる大地で、しかもその全てが氷漬けになってしまう。そういう凄まじいレセプタとしての大地が描かれていて、その大地をできるだけあるがままの姿で示そうとしていた人のかなと。それはご本人が言っていることではなく僕の解釈なんですが、そういう受動性というか、何でも受け入れるレセプタという存在にはとても惹かれますし、ある意味で絵画の本質なんじゃないかなという気もしていて。さっき話した負荷のようなものはいろんな作品やプロジェクトで大事にしている要素のひとつではあるんですけど、受動性もその一形態として自分の中では捉えていて。能動的に何かをさせよう、例えば自分の作品に参加させようということより、作品において人を受動的にさせたいという気持ちの方が強いかもしれません。受動的であることって普通ネガティブに言われがちじゃないですか。「もっと積極的になれ」「もっと参加しろ」と。でも受動性を突き詰めていくと、人は宮崎が描いたシベリアの大地のような存在になるんじゃないかと思っていて。それに絵画も、それぞれの時代やそれぞれの社会のレセプタであるとも思っていて、有り体な言い方をすれば、絵画を通して時代が見えるということは本当によく言わ

れることですが、それは今も言えることだと思っています。それはつまり、絵画がレセプタである、受動的であるということなんです。徹底して受動的になるということは、例えば新宿の街なんかを歩いていて、視覚的にも聴覚的にもいろいろな刺激があるじゃないですか。それを全部受け止めながら、その行為の中にある種の快楽を見出すようなプロセスだと思っています。それはかなり身体的な負荷が強い作業だと思うんですが、それを突き詰めた先に大地であったり絵画であったりするようなものが現れるというイメージがあって。だから昨年制作した『One Million Seeings』という作品では、24時間かけて知らない人の撮った多種多様な写真を淡々と見続けている映像なんですが、「ただ見る」だけじゃなくて、「長時間かけて過剰に見る」ということを大事なポイントにしています。それによって出演者にも鑑賞者にも負荷がかかってきますが、逆に言うとその負荷がないとやっている意味もないと思うんです。さっき「わかる」と感じた時の話をしましたけど、それは必ず何かしら負荷を伴う体験であって、負荷の伴わない受動は消費に終わってしまうと思うんです。だから負荷を感じながら受動的になっていると、自分の身体に外側から何かが入り込んできて、「わかる」「体得する」みたいな感覚になる。その状況をつくることが一番大事な気がしています。今に始まったことじゃありませんが、アートでもデザインでも何でも短期間で消費されがちじゃないですか。ある作品をつくって世の中に浸透していく過程自体が、身体的な経験を伴わない経験になっていっている気がしていて。でも今、同時代の文化として何かを発信していこうとすると、そうなってしまっては駄目だと思っていて。見る人に何かしらの方法で身体的な負荷がかけられる状況をいかにつくれるかが肝になる気がしています。「ある種、そういう過剰な負荷をかけることによって、その人自体の受動的、あるいはメディウム的な属性を際立たせる。そういう負荷が視覚以外の他の知覚とも紐づくことによって、鑑賞を消費にしないという。原田さんの活動は鑑賞者の見る行為そのものの態度にまで伝播していくような、そういうことをもう一度考えざるを得ない状況をつくり出すというか、そういう感覚を覚えました。」ちょっとここで違う人の絵も紹介しますね。このイルカの絵はクリスチャン・ラッセンの作品なんですが、ラッセンの絵を見ている時の感覚って負荷そのものだと思うんです。例えばこの作品を10分間眺め続けてくださいと言われると、かなり負荷が大きいと思うんです。なぜかというと、絵のつくり方が徹底してフラットで、どこを見ていいかわからずに視線が上滑りするからです。絵に描かれている世界に入り込んでいけないというか、視線を跳ね返す何かがあるんですよね。反対の例を出

すと、僕が一番くらいに好きなアーティストにジョン・コンスタブルという19世紀の画家がいるんですが、彼の『フラットフォードの製粉所』という絵は、たまたまロンドンのテート・ブリテンで見て衝撃を受けて、もう一度見るためにまたロンドンまで行っちゃうくらい好きな絵で。その時にも平気で10時間くらいかけて閉館まで見続けていられたんですが、コンスタブルの絵は要所要所に異なる時間が差しはさまれていて、映画を見ているみたいに長く見続けられるんですね。絵の中に描かれた木の時間、雲の時間、水面の時間が全て異なる。コンスタブルはたくさん習作を残しているんですが、雲だけの習作とかいろいろなドローイングが残されていて、それぞれの時空間を一枚の画面の上にミックスさせながら構成する描き方をしていたと思うんです。でもラッセンの場合は対照的で、なかなか長く見続けることができない。でもその負荷に慣れてくるとかなり訓練されるというか、例えばサイゼリヤの内装とかも興味深く見られるようになったりして、それこそ街の見え方が変わってくる。感覚的な言葉で言うと、街の中での遠近感が崩れてくる感じがするんです。ラッセンの絵の考え方って広告に近いところがあって、人は街中の看板や広告を凝視しないじゃないですか。看板だな、広告だなと思ったら自然にスルーしますよね。けどそういうスルースキルが効かなくなって、いろいろな刺激に繊細になり、情報に全部意味があるように思えてくる。かなりスキゾ的な状況ですね。そんな状態が負荷に敏感になっている状態で、だんだん洗脳みたいな話になってきてやばいんですが(笑)、実際にそういう状況で作品を見ると、良い意味でも悪い意味でも人は何かを感じてしまう。だからそこに善意も悪意も持ち込んではならないと思っていて、その先で「どう思わせたいか」ということはなるべく設定しないようにしています。アーティストなら誰しも「こういうことを伝えたい」とか「こういうメッセージがある」みたいなことを話しますが、僕の場合は「人がただレセプタのようになれる状況をつくり出す」ところまでを行い、その先の「メッセージ」にはいかず、その手前で自分は留まるという風にしています。「誤読というか、本来の意図とは違う作品の受け入れ方をされても大丈夫というか、ある種、作品が器状というか、鑑賞者がそこに入っていてどういう体験をするかはその人に任されているというか。そういうことですか?」そういうことです。何でかというと、さっきのターニングポイントの話で、自分が影響を受けた状況をまた違う人につなげることが自己評価になっているからだと思うんです。そういう負荷に敏感になれる状況をつくることによって、それが達成できるのではないかという。「ラッセンって一見幸せそうな絵じゃないですか。原田さんがされていることって、負

荷、苦労、そういうことが価値反転して快楽につながっているようにも感じて。ラッセンは、一見快楽的な絵だと思うんですよ。その、原田さんと真逆の性質を帯びているからこそ、何かあるはずだというか、全く相容れない物だからこそ興味の投影先としてラッセンが立ち上がったりするのかなと思ったりしてしまったんですけど。」僕はラッセンに対してはすごく思い入れがあって、個人的にはとても好きな作家なんですが、快か不快かでいうと、視覚的な情報量が過多で不快な絵じゃないですか？ 本当にディスっているわけじゃないんですが、僕はラッセンには全然癒されなくて、すごく変わった絵だと思っているんです。子供の頃から実家にラッセンが飾ってあったんですが、その頃からずっと違和感を覚えていました。でも今ではその違和感こそが大事だと思っていて、だって本当にラッセンの絵が「広告」だったら、なるべく人を不快にさせないようにつくるじゃないですか。でもラッセンはそうじゃなくて、何から何まで徹底的に過剰なんです。波しぶきひとつとってもそうで、他の画家たちよりも表現が本当に突出している。突き詰めると、現代アートの人たちが引っかかっているところもそこなんじゃないかと思っていて、本当にラッセンの絵は視覚的に強いんですよね。「ああ……。過剰な幸福の強要というか。」そうですね（笑）。「圧倒的に、それ以外描かれていない、それ以外を受容させないぞという意志の居心地の悪さみたいな……。いや、それは、メタな視点ではあるなと思ったんですよね。わからないですけど、これを見て綺麗だなと思う人もいると思うんですよ。それが、原田さんは、すごく強要されてイメージを束縛してくる、という視点が幼い頃からすでにあったと。これって本当に幸せなのだろうかという意識が、子供心に何か居心地の悪さとしてあったのでは？と。」ラッセンの絵って、記号の多さで価格も変わるんです。絵の中に鯨がいて、イルカがいて、熱帯魚もいると高くなるとか。全体的に記号がたくさん採り入れられた絵と、あまり採り入れられていない絵があって、たくさん記号がある方が値段も高い。そういう目で見れば「イルカだからかわいい」とか「南国だから綺麗」となるのは仕方なくて、それよりは確かにメタ的かもしれないです。うーん、いやどうだろう。もしかしてメタ的というよりは単なる差異かもしれないです。ラッセンでいうと質感が独特で、めちゃめちゃツルツルしているんですよ。そのツルツル感が凄まじくて。でも絵って普通は筆致であったり何らかの「手掛かり」が残るじゃないですか。どういう順番で描いたとか、ここはあまり重要じゃない箇所なんだなとか、なんとなく画家のあとを追うように絵を見ますよね。でもラッセンの絵って「全ピン」（画面全体にピントがあった状態）なんです。どこを見てもまんべんなく描かれてい

る。近代絵画に慣れた目から見るとそれがすごく独特で、言い方を変えると、そういった「手掛かり」をなくしながら描いている絵だと思ったんです。例えばゴッホの絵を見ると、逆に手掛かりだらけですよね。「ここをこう見てくれ」「順番はこう」「俺はこう考えている」というゴッホの声が聞こえてくる気がするくらいですが、ラッセンの場合はそれが全くなくて、まるで「完全犯罪」のように周到な絵なんです。質感で言えば、それはツルツル感として表れていて、僕がラッセンの絵に対して長い間惹かれているのもそこかもしれないです。ラッセンが仕掛けた完全犯罪をどう紐解くかみたいな、でもそれは密室で起きているが故に絶対解けない構造になっているんですけど、それでもそこから何かを読み取ろうとする作業が、さっきのスキゾ的になるということなんですね。逆にゴッホの場合はガバガバで、犯人が一瞬でわかる。だからある意味ラッセンとゴッホは好対照ですね。

「その完全犯罪を解くことが、原田さんの快楽というか。ある種すごく苦痛を伴うが故に圧倒的な興味の対象になるというか。」やっぱりマゾですね（笑）。「もともと人間は受容体としての属性が強いんだという話は時々聞くことがあるんですけれども。そういう部分が極に出ているんだろうなというか。でも、美術って見る体験だったりとか、見る場面が多いというか。美術そのものが、鑑賞すること自体がマゾ的ともとれるいうか、そういう行為でもある気がしていて。ここで丸木美術館でのきりとりめでるさんとのトークの話を出していいのかわからないのですけど、メタ美術という話、そういうことというか(4)。原田さんを通して美術を鑑賞することをもう一度自分で考え直すというか。」美術とメタ美術があって、メタ美術側に僕がいるとすると……。もう一度ターニングポイントの話になりますが、最初に「わかる！」と思ったのがメタ美術との出会いだったかもしれなくて、なぜかというと、それまでも美術というものを知ってはいたもののしっくりきていなかったのは消費的だったからだと思うんです。理解はできるけど体得したことがなくて。ところで最近は僕、美術館が楽しくないなと思うことが多いんですが、何でかというと、消費的に感じることが多いからなんです。未知のものと出会う場というよりも、既知のものを確認する場になっているなと感じることが多くて。極端な例だと、2017年に日本で行われた展覧会の観客動員数の一位が森美術館で行われた「レアンドロ・エルリッヒ展：見ることのリアル」だったんですが、あれはとてもSNSを意識した展覧会で。どの作品も撮影可能で、展示空間にいくつもインスタ映えする「撮影スポット」が設け

られていたので、来場者が写真を撮ってInstagramに投稿して、それを見た人が来場し写真を撮って……というサイクルができていた。だから要するにInstagramで見た場所を確認する空間だったんです。でもいわゆる現代美術の展覧会でも同じ傾向があると思っていて、例えば、誰かがすでに言っていること、あるいは自分が聞きたいメッセージを受け取り、溜飲を下げるようなつくりになっている展覧会も増えている気がします。それは美術とメタ美術の話で言えば美術の側に属する話で、消費者を意識したつくりだなと思うんですね。でも僕の考えている美術はそうではなくて、やっぱり自分の外側からやってくるものと出会うことが大事だと思っているんです。だからこそ、今そういう場をつくらねばという気持ちはすごく強くて、結果的にメタ美術的な話ばっかりするようになったんだと思うんですけど、理想的にはその仕事を誰か別の人がやってくれて、そのフィールドの上で何も考えずに作品をつくっていたいなという気持ちが強いです（笑）。強いんですけど、誰もやってくれないから、仕方なくラッセンについて喋っているというような状況があって、一人二役みたいな感じですかね。この仕事を自分じゃない違う誰かがやってくれればいいけど、誰もやってくれないからやるみたいな。そういえば最近、〈代理人の倫理〉という言葉を使っている人を見つけて。与那覇潤さんという政治学者の人が言っていたんです**(5)**。自分が当事者ではないけれど、自分がやらないと他にやる人がいないからやる、みたいな倫理観らしいのですが、結構それは共感できるなと思って。今までも自分がいわゆる何かを代表する当事者であると思ったことがあまりなくて、例えば震災の当事者であるとか、何かの問題の当事者であるとか、その当事者を代表して何かを言うみたいなマインドがクリエイターやアーティストにはどこか求められている気がするんですけど、昔からそういう属性が自分にはないな、何かを代表するみたいなことはできないな、と思っていました。そんな自分でも、代理人にだったらなれるということはある時に思って。誰もやらないし、もしかして自分よりも適任者がいるかもしれないけど、誰かがこれをした方が少しでも世の中が良くなるだろうなと思えたことをやるようにしています。「代表というのは難しいということとか、代表と代理の違いというのはわかります。でも、代理の対象は不在でもあるのでは、というところが面白いというか。自分が撮った写真を作品として展示しているわけじゃなくて、知らない誰かの写真というリアリティのある、でも見えない他者の不在の状況を語るというか。けど、それそのものにファウンドフォト的な価値を求めているのではなくて、行為そのもので、行き場を失ってしまった写真たちの、居心地の悪さをそのまま表してい

るというか。不在を代理しているが故に、その代理人がブランクになっても、その次の人、鑑賞者も代理人になりうる状況というか。あくまで原田さんは代理で、交替できる状態というか。原田さんが受容して、代理人として意味を与えるのではなくて、場所を与えるというか。そのことを通して、鑑賞者も代理人になる。代理人の連鎖というか。ということを思ったんですが。」さっきの自分の中の評価基準的な話で言うと、そういう側面があるなと思います。でも、確かにその通りだと思う一方で、危ういことをしているかもなとも思っています。何か不在のものを代理することって詐術にも近いと思うんです。でも、アートとイリュージョンの歴史も深く複雑なので、詐術だから即悪であるということでもないんですが、そういう技術は悪用されることもあるし、使いようによっては善用することもできるけれど、それを自分の場合は悪用も善用もしない。自分でコントロールしきれないものとずっと付き合っているなという感覚があります。『One Million Seeings』で言うと、自分がやっていることは写真をただ見ているだけなんですが、その様子を人に見てもらうことによって、何か特定のことを感じさせたいという想いは何もないんです。感動させたいとか怖がらせたいとか考え込ませたいとかもなくて、とにかく見る人の感度を高めたい、それによってその人の人生に何か変化が起きるきっかけが生まれるといいなと思っています。去年の個展で初めて発表した作品なんですが、最長で9時間見続けてくれた人がいて。それって結構大変なことじゃないですか、9時間ずっとひとつの映像を見続ける状況って。でもその人だけじゃなくて、3〜4時間見てくれた人もたくさんいて、そういう人から感想をいただくと、「帰り道が新鮮に見えた」とか「こんなことを思い出した」とか言っていただいて。それが自分にとっては全て予想外のコメントだったからこそ嬉しくて。反対に嫌なことがあるとすれば、この作品によって何かの意味やメッセージを訴えていると思われることはちょっと嫌で、作品によって何か善いことをしようとしていると思われたら嫌だなと。善用も見方を変えると悪用になるので。感度が高まった状態で展示室を出て、その人が何か善いことを思いつこうが、悪いことを思いつこうが、僕は責任を持てませんし。それに、もしそこに責任を持てると思ったとするととても傲慢だとも思うんです。一介のアーティストが「これが善だからこっちへ行け」と言うのは傲慢じゃないですか？ そこまで言う権利があるのかと。でも世の中的には、そういうことを言う主体がアーティストでありクリエイターであると思われている節もあるけど、本当にそれを完全な形で遂行してしまったら、行き着く先はヒトラーかもしれない。実際にヒトラーも政治家になる前は画家でしたし。そ

れがもしギリギリ機能するところがあるとすれば、メタ美術側じゃなくて美術側の人として、「あの人はああいうことを言っている人ね」というところで消費されるに留まっていれば安全だと思います。でもメタ美術側に立ちながら人に影響を与えて先導しようとすると、それが善であれ悪であれハラスメントになると思うんです。だから、いけるところはその手前までで。しかし懸念していた通りというか、ターニングポイントの話にはあまりならず、アートの話ばっかりになってしまってすみません……。

(0) 加瀬透については1を参照。原田裕規は、美術家。社会の中で「とるに足らない」とされているにもかかわらず、広く認知されている視覚文化を取り上げ、議論喚起型の問題を提起するプロジェクトで知られる。個展に「One Million Seeings」(KEN NAKAHASHI)、編著書に「ラッセンとは何だったのか?」(フィルムアート社)など。2020年に雑誌「広告」vol.414(特集:「著作」)とコラボレーション。この案件は加瀬の発案で、二人が初めて出会うきっかけとなった。

(1) 「心霊写真」プロジェクト:原田が2012年から継続しているプロジェクト。これまでに「心霊写真/ニュージャージー」(kanzan gallery, 2018年)、「写真の壁:Photography Wall」(原爆の図 丸木美術館, 2019年)などを行っている。

(2) 「One Million Seeings」:2019年から制作している作品シリーズ。作家によって集められた「行き場のない写真」を見届ける様子を記録した映像作品で、第一作は作家自身が出演し、24時間にわたって実施された。

(3) 原田裕規「写真としての大地」「美術手帖 2014年8月号」美術出版社、2014、224-226頁。

(4) 原田裕規「写真の壁:Photography Wall」(原爆の図 丸木美術館)トークイベント 原田裕規×きりとりめでる (https://www.youtube.com/watch?v=udYkCJDXMol) を受けて。

(5) 与那覇潤「歴史がおわるまえに」亜紀書房、2019、375-377頁

「先ほどの『凍土』の話はとても面白かったです。地面に対して視覚的に直接
対峙することって普段ほとんど意識しないとないじゃないですか。普段地面は
下にあって、踏みしめているもので。僕は美術にそんなに詳しくないんですけど、
ジャクソン・ポロックは絵画を地面に下ろしたイメージがあって。地面に下ろし
たものをもう一度壁に掛け直したというか。そういう感覚があるんですよ。地面
的なものを見せるものにした、もう一回壁に掛けたという作業をしたというか。
っていうことを原田さんは絵画ではないことを通してやっている、というか。」
おお、ポロックとも比較すると面白いですね。ポロックみたいな絵って画家のア
トリエでは自然発生するんですよね。絵具が下に垂れて、自然とドリッピング
がどんどんできてくるみたいな。そこを切断して壁に掛けるという発想だと思う
んですけど、僕の場合は、地面の絵を壁に掛けたいかというとあまり掛けたくな
くて、どちらかと言えば人に地面を見させたいなと思っている気がしました。ラ
ッセンとか、僕が集めているような写真をアートに昇華させたいわけではなくて、
人がそれをもう一度見るきっかけをつくれればそれでいいというか。「なるほど。
視点を変えるというか、それをわざわざ大袈裟に持ち上げるということではなく、
鑑賞者の視点をただ切り替えることだけをするというか。」そうです、そうです。
僕がすごく尊敬しているアーティストに菊畑茂久馬という人がいて、50年代後
半に九州派というグループに参加していた人で、作品もすごいものをつくってい
ながら、いわゆる「再評価」という面でも重要な起点をつくった人なんですね。
ここでとても重要なのは、その人が再評価を下したわけではなくて、あくまでも
起点をつくったことで。具体的には、山本作兵衛という九州で炭鉱画を描いて
いた方がいて、その絵は現在では世界記憶遺産にも登録されているんですが、
その先鞭をつけました。あとはフジタ（藤田嗣治）の戦争画が再評価される基
盤をつくった人でもあります。本も何冊も出していて、研究者ではなくアーティ
ストの目線から、フジタの戦争画には「何かがある」ということを言い続けた人
で、その先の話をしたのが評論家であったり歴史家であったりする人たちなん
です。そこが菊畑のすごいところで、「何かがある」ということを最初に勇気を
もって声に出したことは当時では大変なことでした。というのも、当時フジタの

戦争画は美術界ではタブー視されていて、言及すらされない。山本作兵衛も知られてもいない。そういったものを、ひとまず俎上にのせる。そこで判断され、精査されて、沈んでいく分には仕方ない。菊畑がやりたかったことは「引き上げる」ことではなかったはずで、そういうマインドにすごく共感するんです。なぜ菊畑が作品をつくりながらそういった仕事をしたかというと、たぶん人の視点を変えて、自分たちが今立っている足元を見せたかったからなんじゃないかと思うんです。彼はアーティストとしてもとてもユニークな仕事を残していて、当時前衛の最前線にいて、海外からも注目されていながら、東京を離れ九州で活動し続けた人だったんです。日本の土着性や足元にある文化を見つめ続けた人とも言えて、そういう人が山本作兵衛に注目したということは合点がいくなと。だから僕のやっていることで「こうなりたくないな」と気を付けているものがあるとすると、アウトサイダーアートを評価する人のようにはなりたくないと思っています。そうなると、足元に目を向けさせることではなく、アートの側に引き込んで消費可能なものになってしまうじゃないですか。「ああ、マーケットの中に組み込む作業というか。」そうです。それをしたくないんです。既存の枠の中に組み込まれてしまうと、人はちゃんとその対象を見なくなるので、その手前のところまで持ってきて、あとはみんなに判断してもらうということをしたいなと。そして、それは作品をつくることともあまり変わらない作業なんじゃないかと思っているくらいです。だから、今のポロックと地面の話は、比較対象としてすごくクリアだなと思いました。あと、どうして自分が地面を描いた絵ばかり好きなのかということも、繋がって考えられるようになってきた気がします。「僕は原田さんのその見つめ方がとても好きです。評価して何かを持ち上げるってことではなくて、見える状況にするというか。見えてないものを、見えるようにする、見てもいいのではないかと思わせるものにするというか。」それって一般的に「気付きを与える」作業だと思うんです。何かを見てハッとなることって、気付きを得ていることだと思うんですよね。自分自身、ターニングポイントでそうした気付きを得ましたし、今自分がやろうとしていることも人に気付きを与えようとすることだとすると、何か急速に話がまとまってきた感じがしますね（笑）。

—

「そういった、見ることの気付きを与える状況そのものが原田さんによってそのまま作品化されているのではないかと。過去のターニングポイントの時は原田さ

んが鑑賞者側で、刺激を与えるのが絵画だったけれど、今は刺激を与える側に原田さんが回って、鑑賞者が気付く。原田さんの複数のプロジェクト自体が気付きのシステムになっているというか。それをこう、やり続けているのかなと。ターニングポイントから見つめると、そういうパースペクティブが見えてくるというか、視座がひゅっと通るというか。と思ったんですけど。」あとは、今「本当のストリート」がどこにあるんだろうということはよく考えています。よく昔のアーティストが「美術館から路上に出て表現を爆発させました」みたいな話があるじゃないですか。でも今、本当に路上に出て何かしたところで、同じことにはならないと思うんです。昔のアーティストたちが美術館やギャラリーを飛び出したことと同じことを今やろうとすると何になるのか。その辺りが僕も以前はかなりピュアで、本当に路上で展示をしていた時期もあったんですが（笑）。10代の時の話ですね、そのころ素朴に参照していたのがストリートミュージシャンとかで、それと同じレベルで「普通に」絵を発表すればいいじゃんということで、路上で絵を描いたり、ライブハウスでライブペインティングをしたりする時期が僕にもあったんですが（笑）。でもそれをしていても全然リアルじゃない感じがしてすぐにやめてしまったんです。本当に「路上に出る」みたいなことはどこにあるんだろうと思って、今は気付きを与える側として、自分がかつてターニングポイントで受けたことを逆に提供する側に回ることを考えると、「本当の路上とはどこか？」ということまで考えないといけない気がして。とはいえ、それはいわゆる「場づくり」とかではなく、最終的にはコンテンツによって、作品によってなされることだとも思うんです。ですけど、今の状況を見ていると、明らかにその作品が飛び出る路上が少なすぎるとも思っていて、美術館やギャラリーを飛び出した先の空間がなさすぎるが故に、今コンテンツが生まれては次々に死んでいっているとも感じており、危機感を抱いています。だから本当の意味での「路上」でしか生きられないコンテンツを死なせないために、かつての美術館やギャラリーの外にある空間をつくらないと、アーティストも作品も死んじゃうと思っているんです。だから自分自身が代理人として、作品を出す手前の作業をずっとしているという感覚もあります。それはアートに限らず言える話だとも思っていて、例えばデザインの世界でそういう「路上」を考えると、それはどういった空間になるんでしょうか？「難しいですね。その、内外あるいは境界を考えていくということは僕個人でもすることがあるんですけど。どこにどう立てばいいんだろうということを悩む人は多いのかなというか。それは、だから、個々の活動というか、本誌GATEWAYみたいに、エディトリアルを通して考えていく

こともあるだろうし、デザインギャラリーで扱われているオフセットポスターと美術館で扱われている版画作品にどういう差異があるんだろうと考えるということとか。そういうあるのかないのかわからない境界を見つめることを出来事的に経験することを通じて、本当の路上を各々探す作業をしている人たちはいるのかな、と思います。ただ、それが本当にどこにあるんだろうかと。」確かに「本をつくる」ことって、物理的な空間をつくることにかなり近いですよね。自分で0から100まで組み立てることができる最適な場なのかもとも思います。場もつくれるし、コンテンツもつくれるし、経済も発生するし。「エディトリアルというのは、今後、個人的にはすごい大事な考え方になるというか、見た目の新規性みたいなことは自分の中では限界があると思っていて、そうじゃなくて、エディトリアル的な考え方で物事に臨んでみるというのはひとつヒントになるんじゃないかなと思います。新鮮さというか、フレッシュにあることはできると思っていて。権威的に固定されていた関係性を崩して、つなぎ直すという作業ができるというか。新しいが故に優位性を持つとかそういう話じゃなくて、ただフレッシュな空気を吸うとか、そういう事はできるかも、と思って。エディトリアル的な空間は実空間でもありうるし、バーチャル的なあり方もありうるし。多種多様なイメージに簡易的にアクセスできたり溢れてしまっている状況において、できることっていうのは、新しさというよりは新鮮さというか、そういうことかなと思ったりしますね。話がずれちゃったかもしれないけど。でもそういうエディット的な感覚というのは原田さんにもすごく感じるんです。プロジェクトひとつにとっても複数の出口を持っていたりとかするし。単一なイメージングに落ちて行かずに組み替えうるものというか、編集を通してイメージが変わる。24時間の作品を3分の映像にするとこういうイメージになるんだ、みたいに。そこの差異を読み解くことによってこの作品とはなんだったんだろうともう一回考え直す機会になるというか。」『One Million Seeings』に関して言うと、あれは24時間ある映像なんですが、いつかしてみたいことは、24時間続けて人に見せるということで（笑）。退席不可の上映会とかですかね。そしたら何が起こるかというと、相当に疲れると思うんですよ。ただ24時間起きているだけならそうでもないんですけど、24時間「ただ見る」ということはちょっと拷問みたいなところがあって。全部観終わった瞬間に、観客もパフォーマーと同じくらいに疲れているという。今のエディトリアルの話で言うと、エディットと一言で言っても、「こういう方向に誘導する」というエディットもあれば、ただ「場を開く」というエディットもあると思うんです。僕の場合は後者のやり方に興味があって、「こうも

読み取れるし、こうも読み取れるよ」という状況を生み出すことが豊かなエディトリアルに繋がると思うんです。「こうとしか読み取れない」という場は単一的でつまらないので。今回は〈人の話を聴く〉という特集テーマがあるじゃないですか。そういう複数性に開かれた場がないと、話をすることって本当には実現できないと思っていて。でも今〈人の話を聴く〉ことに関してすぐに面白い話ができそうにないんですが……。「いや、でもその話にすごくつながってくるというか、原田さんの作品に対する鑑賞者としての眼差しとしても複数性を認められているというか、許される場所というか、そういう空間であるというか、読み手の主体性をすごく大事にしている書き手というか。読むとか、聴くとか、受容的な行為を書き手が大事にしているというか、そういうイメージがあるんですよね。」主体の話で言うと、今の消費空間って読み手と出し手が混ざっているところがあると思うんです。たとえばSNSでは読み手であるユーザーが画像を投稿して、その画像が宣伝になるみたいな。消費者と労働者がイコールで繋がりつつある状態になっていると思うんです。それはあまり良い例じゃない気がするけど、僕のやっていることもそういうところがあるのかな。ターニングポイントについても、かつて読み手だった自分が出し手になろうとした瞬間だったと言えると思うんです。だから、読み手が出し手になるような循環をつくろうとしているのかもしれないです。あるいは、代理人が代理人をつくろうとする流れを生もうとしているのかも。もし『One Million Seeings』を観て「あっ」と何か思い付いた人が出てきたらいいなという、希望はどこかで抱いているような気がします。「サーキュレーションというか、循環。受け取って、受け渡す、その中間項であり続けるということなんですかね。ただこう、渡していく中間の人というか。原田さんは起点ではなくて、流れの中にいて、代理で表現して、次の人に渡すというか。」そうですね。今の状況で真面目にアートをやろうとすると、自分にはそうとしかならない感じがあって。世の中にはすでにモノがたくさんあるから、自分がそれを生み出すぞと思うよりも、過剰に人とモノが溢れている世の中をどうしたらもっとより良くできるかを考える方向に向かうのって自然なことだと思うんです。だから中間項になりながらも、早くそれをやり終えたいという気持ちもあって。さっき話した菊畑茂久馬が、晩年に変わった絵を描いているんです。『春の唄』というタイトルの絵で、若い時代とは打って変わって詩的でありながら、どこか凄まじい絵なんです[6]。それで2020年5月に亡くなられたんですけど、その作品が遺作として残されていて。僕も早くそっち側に行けたらいいなと（笑）。現役時代の「やらなきゃいけない仕事」が終わったあとで早々

に引退したいですね。代理人としての役割を終えて、誰かに受け渡し終わったら、ようやくコンテンツだけをつくれるようになるなと。コンセプチュアルアーティストが晩年に変な絵を描き出すってよくあることなんです。高松次郎とか。それはすごく心情的にわかります。自分がやらなきゃいけないという使命感に基づいた仕事と、個人的にやりたい仕事が離れていって、でも両方やるみたいなことをしたくて。そういう振れ幅が大きければ大きいほど、何か人間の業みたいなものが見えてくるなと（笑）。今のところの予定だと、あと2〜3年で現役を引退できそうかなと思っています。2021年にいくつか本を出す予定があるので、うまくいけばそれで一旦代理人的な仕事は引退したい……。果たして終わるのかという感じなんですけど、最後が宣伝みたいになってすみません（笑）。

—

「ひとつ追加で聞いていいですか。逆に、見えなくなるというか、聴こえなくなるということもあると思っていて。老衰というか、老いていくことというか、時代の声、要請が聴こえなくなるというか、そういう身体的な老いみたいなものがある気もしていて。そういうことに素直に向かうというか、逆らわずにいくと、結果的にそういうことになっていくというか。」確かに。代理人の倫理で言うと、原理的にはなんでも代理できてしまうじゃないですか。でも、自分の代理できる範囲はここからここまでだな、という感覚もあって。自分自身新しいモチーフとの出会いがなかなか増えないのは、その聴こえなくなることみたいな身体的な側面が結構ある気がしています。例えば、ラッセンの体験の場合は自分の身体に結びつけて話すことができるんですけれども、そういうリソースってあまり増えないじゃないですか。だからおそらくもうすでに僕も聴こえなくなり始めていて、故に「ここまでやったら終わりかな」というゴールも設定できると思っています。「でも逆に聴こえなくなることで、心臓の音が聴こえるというか。外部の音が聴こえなくなることで、自分の体内の音が聴こえてくるというか。内なる声が聴こえてくるというか。それが脳内に響いてくるみたいな。聴こえなくなるってそういうことなのかなって。僕は経験していないですけど。多くのコンセプチュアルアーティストがそうなっていくというお話は、身体的な老いが必ずしも表現的な老いとイコールというわけではなくて、身体的な老いは何か別の声を聴くという作業になるのかなと。」本当にそうですね。本当にそう思います。だから昔の人は良いなあと羨ましく思うこともあって。かつては中間項みたいな仕

事をやらなくてもいい時代があったと思うんです。それが羨ましく思う一方で、その時に彼ら・彼女らがやらなかった仕事のツケを払っている気もしています。言葉でも視覚言語でも、これほど人の心に響かなくなってしまった原因は必ずあって、その負債を解消するためにやっているところがあるとすると、かつて今僕が「負荷」と呼んでいるようなものをじゃんじゃん無駄遣いしてきた歴史もあったと思うんです。例えば、「全米が泣いた」みたいなキャッチコピーって、使えば使うほど言葉が摩耗していって、誰も本当に全米が泣いたと思わなくなるところがあって、それと同じことは何にでも言えると思うんです。視覚言語に対しても。だからそれは昔の人のツケなんだなと思いながら、代理人としてあくせく働いているなという気持ちもありますね。

（米山と加瀬も同席）

「今日は『人に話を聴く』ということについて、改めて西さんにお話をお聞きしたいなと思っています。まずは西さんが人の話を聴く上で、普段気を付けられていることなどがあればお聞かせいただきたいのですが。」なんか恥ずかしいですね、よろしくお願いします。普段気を付けていることは、とにかく、話す人が話したいことを話しきれるようにしているというか。途中でたくさん質問をしたりとか、わからない用語に対して変に「それなんですか？」みたいに腰を折らないというか。話のリズムをなるべく崩さないように気を付けているというのはありますね。何の話を聴くかにもよりますけど、仕事のインタビューの時は専門用語も多くなってくるので、最終的に原稿にまとめる時には不明な点や用語を補足しないといけないし本当はどんどん追求していかないといけないんですけど。一方で、あんまりそういう風に訊かれると、なんか、話す人も言葉に詰まってきてしまうかなと。なので、私は割と知ったかぶりをしますね（笑）。「あ、そうなんですね、ああ、あれですね」と。「人によっては、話すのが苦手な人とか、逆に無限に話しちゃう人もいると思うんですけど、その辺りの緩急はどのように付けていますか？」ああ、確かにそうですね。だいたいは、この人は話し好きな人だなと思うと、とりあえず聴きつつ様子を見ます。でも、自分から話すのが苦手だと言っている人とかには、なんとなくこちらからきっかけになることを話すようにはしているかもしれないです。「さっきリズムっておっしゃってましたが、そのコツだったり、どのように習得したらいいのかだったりについてはいかがでしょうか。」そうですね……、そもそも私が習得できているか定かではないんですけど……。なんとなく空気感に合わせている感じがします。「それは編集のお仕事を始める前からですか？」そうですね。多分、一番意識したのは大学の頃かなと思います。原田くんも同じ学科出身だからそういう機会があったと思うんですけど、美術史とかアートマネジメントを勉強する学科だったので、作家の人から話を聞いて欲しいとか、自分の作品のことをどう整理したらいいかわからないから相談にのって欲しい、みたいなことを頼まれる機会があって。そうい

う時って、自分は美大にいても制作をしていなかったから、なんかこう、あんまり変なことは言っちゃいけないと、良くも悪くも気を遣って話を聴くような場面があって。学生だし、作っている人たちも将来のことを考えたり、センシティブになっていることも多かったので、そういう時に、様子を見ながら何を考えているのかを聴く、ということはやっていた気がします。「僕は元々喋ることに対する苦手意識が強い方だったんですが、ある時、自転車に乗れるようになるみたいに言葉の操り方のコツを掴んだ、みたいなタイミングがあったんです。西さんもそういうタイミングありましたか？」そうですね。私も自分で話すのは苦手で、聴いている方が楽だから聴いているだけで、原田くんにも聴き上手だと誤解されているところがあるんですけど（笑）。話せるようになったタイミングは、そうですね。やっぱり、文章を書くということを始めて、苦手意識が減ったのかなと思います。私の場合は多分、大学で歴史研究をし始めて、レポートを書いたり、論文を書く作業をしていた頃が、それまでの人生の中で一番書くことと向き合った時間だったんです。そういう作業を通じて、だんだん自分の頭の中の整理ができてきたというのはあるかもしれないですね。「その前はどんな感じだったのかが気になります。」そうだな。うーん。子供の頃を振り返ると、学級委員とか、そういうことをやるのは好きで。生徒会報に書いたりとか、新聞みたいなものを作ったりとか、それで演説したりみたいなことはやっていました。「結構喋るのが得意そうにも聞こえますが（笑）」ちょっと乖離してますかね（笑）。前に出ること自体はあんまり好きじゃなかったんですけど、校則を変えるとか、ルールを変えるとか、そういうことに昔から結構関心が強くて。体制に抗う、みたいな（笑）。プチ活動家みたいでしたね。「それって、いわゆる書き言葉でしょうか？校則って、喋り言葉と違って堅い言葉じゃないですか。子供だとそういうことに関心をもたない子も多いと思うんですけど。」そうですね。それは多分家庭環境が影響していると思うんですけど。個人的な話になりますが、うちは父親が九州の生まれの人で、ザ・九州男児というか、女の子は女の子、男の子は男の子、みたいな考え方が割と残っている人だったので。そういう父の考え方に反発心が強かったというのはあるかもしれないですね。家庭内でお父さんの言うことが絶対、みたいな雰囲気とかも嫌いで。なので、何かあったら父親に抗議するじゃないですけど、ただ文句を言っていても相手にされないので、そこをどうぶつかっていくか、みたいなことに関心が向いたというのはあるかもしれないです。「そういうことって、既成概念に流される人だとそうなりにくいじゃないですか。これって当たり前なの？という疑問をパンクな方向に向かわせるのではなく、ち

ゃんとルールと向き合って変えていこうという社会性に向かっていくこと。なんとなくそれが今の西さんの姿勢にも通じているような気がするなと思いました。」そうですね。「アイデア」の編集長を任されるようになってからは、会社とそういうやりとりをする機会は増えました。例えば最新号では、白い用紙に透明のニスだけでポスターを印刷したページがあったんですけど、あれも最初は「そんなことをやったら書店さんからクレームが来るから」と社内で心配されていたんです。でも、営業部に意図を説明したら理解を示してもらえて。取次さんに事前に見本を見せて許可をもらって。おかげさまでまだクレームはきていないみたいなんですけど。今までの誌面では、本当は社内ですり合わせをしておいた方がいい際どい表現や加工について、ヨイショ、と勢いで勝手にやってしまって。後になって社内で問題になるようなこともあったんです。デザインをすることが、問題や面倒を引き起こすこと、みたいな誤解を生んでいるところもあって。だから、ネゴシエーションをすることは必要だし、割と好きかもしれないですね。なんか悪代官みたいかな（笑）。大人になってからは確実に呑みニケーションありきで、とりあえず呑んで話しましょうよ、という場面も多いですね。たまたまこれまでの人との巡り合わせの中で、そういう付き合いが好きな人が多かったこともあって。なにか困ったことがあると、呑みに行って相談して、という方法で割と話が丸く収まってきた感じがあります。「今のお話を聞いていて、改めて「人の話を本当に聴くことができるってなんだろう？」と思いました。すごく楽しく人と話した時でも、帰ってふと『自分の話ばっかりしちゃったな』と思うときがあるんですけど、誰かの話を本当に聴くというときはどんなときだろうと改めて気になってきました。」原田くん、いつもそう言いますよね（笑）。たいがい「僕、話しすぎちゃいましたよね」って後から言われる。話しすぎているというよりは、話を持っていくのがうまいなと思いますけど。いい意味で。聴くことができたな、と思う時か、うーん。まずは、最初の質問への答えと繋がるんですけど、なるべく話しきって欲しいなと思っているので、話せました〜みたいな顔が見られると、こっちがわかっているかどうかは別として、聴けたかな、と思います。あとは、そうだな。本当は多分、話していてお互い気付きがあるような状況が生まれることが、聴き合えているということなのかな、とは思っています。「そういう状況を生み出すのって、例えばインタビューでいえば準備を周到にすれば必ずできるというわけでもないですよね。」そうですね。私の場合は、仕事のインタビューでデザインをすることに関して聴くことがほとんどなので、キャリアの長いデザイナーの方になればなるほど、手法のことは話し慣れている方が多いじゃない

ですか。ベーシックなことを訊いていると、あ、前にもこう話したんだろうな、と感じる場面は必ずあるので。それはそれで聴くんですけど、ちょっとでも、違う視点とか、相手にとっても発見につながるような話ができると理想的ですけど。「これまでにされてきたインタビューで、そういうことに近いものってあったりします？」そうだな。聴きたかった話から逸れるくらい盛り上がったことは、仕事上では私はあまり経験がないです。こちらもある程度、記事にしたいことが決まっているので。限られた時間の中で、これとこれとこれは必ず訊く、みたいな感じで段取りを決めて訊いてしまうので。あんまり脇道に逸れないようにしているところもあるかもしれないです。でも、そうだな。共通している状況に関してとか、例えばデザインだったら、デザイン界の今の状況みたいなこととか、そういうことに関してだったら、結構、共感して盛り上がることもあるかもしれないなって思います。最近覚えていることだと、最新号の取材で新聞社のデザイン部の方々にインタビューしたんですけど。つくっているものに対しての話よりも、どうやって部署の中で仕事を回しているかみたいな話とか、マネジメント的な話の方が、お互い共通項があって、対話としては盛り上がった気がしました。裏技を聞いて盛り上がるような感覚ですけど。「聴くことができたという状況をつくるためには、共通した状況をつくるということは結構大きいということなんでしょうか。」そうですね、確かに。「言い方を変えると、全然共通していない状況に立っている人でも、なにか共通の状況を見つけることができれば、会話が弾むということはありますよね。」それこそ、同級生とか幼なじみとかに会った時に、近況を訊き合ったりするじゃないですか。それってつまり、状況を探り合っているということですよね。「被るところがあるかな、無さそうだな、とか（笑）。」無さそうだったら、もうご飯の話でごまかしたりとか。お見合いとかでも「ご趣味は？」とか訊くじゃないですか。それも気遣いでもあり、探り合いでもありますよね。「西さんから見た聴き上手な人はどんな人ですか？」そうですね、これまで話した通り、私自身は人の話をうん、うん、って感じで聴いちゃうので。だから、インタビューの仕事では、訊きそびれることとか、ここを掘らないといけない、というところに不足もあったりして、ライターさんに迷惑をかけちゃったりとかもするんですけど。だから、逆にもう、固有名詞とかをボンボン投げられる人ってすごいなあ、と。事実関係の曖昧な話や、歴史の話、もやもやしている話に対して、「これですよね」ってズバリ言える人とかはすごいなと思います。特に元上司で編集者の室賀（清徳）さんは、歩くデザイン事典みたいな人だったので、インタビューの時も話者に向かってどんどんボールを投げて、話を強化

photograpy Shusaku Yoshikawa

していくようなスタイルの人で。アイデアに入ってからは、そういうインタビューを横でいつも聴いていたので、すごく影響されている一方で、自分は全然実践できていないですね。対話することって、結局、聴いている人がどこまでわかろうとしているかとか「わかる」ってことに対するそれぞれの尺度によって感じ方にも個人差が生まれるのかなと思うんです。ぼんやりした話でもわかった気になれる人と、なんか、もうちょっと具体例がないとわからないっていう人の両方いるなと思っていて、特に話上手な人とか、理論的な人って、固有名詞とか、具体的ななにかを掴みたがる傾向にあるなと思っています。私個人は結構ぼんやりとした感じでもいいので、そういう違いはあるかなと。「例えば『この人は理解してくれているな』と思うとどんどん深いところに会話が潜っていって、話しながら発見するみたいなことがあるような気がしていて、聴くことと話すことが入れ子状になっているみたいなイメージがあるんですが、今の『ボールを投げる』みたいな作業もそうなのかな、と。他にも違う方法で似たことができたりするのでしょうか。」うーん。なんだろう。少しずれちゃうかもしれないんですけど、「自分はこうなんだけれども、どうですか?」みたいな訊き方とかは、なんとなく相手の話を引き出しやすいかなと思って、使っているかもしれないですね。「理想的には、自分から話を出さずに、それでも聴いてくれているんだな、ということを伝えながら、できるだけ黙ることができればなとも思うんですけど。」でも、それで、つまらない話をする人もいるじゃないですか(笑)。あー、始まった、みたいな。何回も同じ話をするとか。でも、原田くんは面白い話をしてくれるので、聴いているこっちも、そこをどんどん掘って行こうって気持ちになりますけどね。「諸刃の刃という感じがしますけれどね。」うん、確かに。捨身の覚悟で。「何回か大失敗したことがあるんですけど。ひたすら喋って編集さんに怒られて、聴き手の人はもう心を閉ざしてしまうみたいな。」へえ〜、そんなことが。でも人によっては圧倒されちゃうかもしれないですね。せっかく考えていたことを先に話されちゃったとか。「俺が言おうとしてたのに!(怒)」みたいな。「つらい……(笑)。ところで、聴くことと話すことの理想的なバランスってどんなものだと思いますか?」その質問、どう答えようかと結構悩んだんですけど。話すことと聴くことは別物なのかなと思ったりもします。必ずしもイコールでバランスが取れるかっていうと、そうではない気がしている。私の場合は、編集の仕事を通じて人の話を聴くことが増えたけど、一方の話すことのスキルはあんまり成長していない気がするし。バランスのいい人って誰かなって思い浮かべても、パッと出てこないです。なんか結構、どっちかの人が多いというか。原田くんはバラ

ンスが取れると思いますか？「そうですね。質問をしておきながら、僕も答えがわからず探っているんですけど。聴くことと話すことって、受けと攻めみたいな関係ではない気がしていて、イメージ的にはひとつの物体を両側から彫っているみたいなイメージがあります。『話を聴く』という削り方と、『話をする』という加え方があるような。時にはアンバランスだからいい場合もあると思うんですね。このテーマについて加瀬さんからご質問をいただいた時に、小松左京の話をしたことがあって。『神への長い道』(1)という小説の中に未来人が登場してきて、彼らは小鳥のさえずりのように高速で喋り合うらしいんです。それが速すぎて聞き取れないんだけど、たまにリンクするワードがあるとそこで共振して羽音みたいにブーンと聴こえるといった描写があって。それがTwitterのタイムラインのようだということで一時期話題になったことがありました。でも普段の会話でも、そんな風に実はそれぞれ違う話をしていて、それが何かの拍子にリンクしたということもあるなと思って。この話は『話を聴くことができなかったと感じる時はどんな時ですか？』という質問にも繋がってくる気がします。」Twitterのタイムラインの話は、まさにだなと思う。独り言のように呟く感じ。私は個人的にあれがすごく苦手で、Twitterも見る専門なんですけど。だから、Twitterでツイートする人たちみたいに、言葉を定期的に吐き出せる人と、それが苦手な人はやっぱりいて、そういう個人差も、聴く聴かないという態度に通じているんじゃないかと思いました。さっき、原田くんは人と話す時についつい話しすぎてしまうシーンがあるって言っていたけど、人によっては、飲み会とかであまり話に没入できなかったとか、時により対話の満足度みたいなものに差があると思うんですけど。私はあんまりそれがないというか、割とずっと楽しいなと思って過ごしているんですよ（笑）。それはなぜかなって考えたんですけど、多分、そのひと個人の特性を見たりとか、性格について考えたりとか、話していることから想像をしたりしているシーンが多いなと思って。人間観察っていうと嫌な感じかもしれないけど、話そのものというより、共有している時間とか、何を飲んでいるかとか、そういう情報を覚えているかもしれないですね。それを収集して満足するというか。聴くこと、話すことの話題からずれちゃうかもしれないんですけど、人から「よくそんな話覚えていたね」と言われることがよくあるんです。だから、話しすぎちゃったなって心配している原田くんとは対照的だなと。「僕はそういうディテールを全然見ていないのかもしれないですね（笑）。話すことで一生懸命になっちゃっているんだな、と思いました。」でも、それこそバランスですよね。話していてくれないと、私が話さなくちゃいけなくなるし。だから

多分、話すことと聴くことというのは、一人の中ではバランスは取れないけれども、コミュニケーションの中でバランスを取ることはできる。それが本来の「コミュニケーション」なのかなって。「またちょっと違う角度からの質問になるんですが、僕は作品を作る時に一人だと全然つくれなくて、考えていることをその都度人に話さないとつくれないんですよ。話すことと聴くことの入れ子が思考を深めたり、何かを発見したりするために、自分にとっては必要不可欠な作業だと思うことが多くて。」原田くんは、人に話して整理して、自分の考えが深まっていくって感じかな。「そうですね。でもそれって、聴く側の技術も求められるというか、人に依存している部分も大きいと思うんです。すごく広い意味で言えば、インタビューとかも何かを作ったり発見したりするために必要な作業だなと思うのはそのためかもしれないですが。」私は例えば、企画を考えている時とかは、意外とあまり人と話さないかもしれないです。まだ整理がついていないし、この状態で話すのは嫌だな、って、臆病になってしまうところがあるかもしれない。だから、逆にポンポンそういうことを話している人って、原田くん以外にも周りに何人か思いつくけれど、よくそんな話せるなと（笑）。悪い意味じゃないです、すごいなーって。「そうなんですね（笑）。話せないのは、そこで何か言われたら嫌だなと思うからですか？」うーん、多分そうですね。話したいけど、話すことで判断が変わっちゃうのが嫌なのかもしれないです。物事をどういう風に決断するかの思考法にもよる気がするんですけど、悩み事を相談する時って、自分の中で決まっていることを人に同意して欲しくて話すようなシーンってあると思うんです。「もう絶対これで大丈夫だ！」という時に、その反応を聴きたいというか。「あ、でも僕も、『人の話を聴きたい』と言っておきながら、ただ肯定して欲しいみたいなことがあるかもしれないです。」でも、それって大事だよね。ただ安心したいというか。返事が一回あるだけでも違うし、多分話すことで頭の整理になっているから。「新しい情報を得るためとかではなくて、確信を得るために話すということはありますよね。」それが結構多い気がします。

—

「（米）横からすみません。お仕事だと、企画を立てて、人選して、会いに行くという流れが多いと思うんですけど、そこで、こういう話を聞けるだろう、と想像していたことと違うことが出てきた時ってどうされるんですか？」うーん、難しいですね。例えば、「アイデア」の取材の時なんかは、そもそもスケジュールが

パツパツで、考えに考えて依頼をして、ふられたらもう企画が成り立たない！み
たいな感じでやっているので（笑）。編集部内で吟味して、これなら断られない
だろうという取材先に決め打ちでお願いすることの方が多いんです。「（米）なん
となくゴールが見えている状態で聴いている、と。」そうですね。そうでないと
企画段階で上からイエスが出なかったというのもありますけど。「それでその話
が本当に聴けるの!?　収穫あるの!?」みたいな。寄稿原稿が多いこともあるの
で、もともと書いて欲しいテーマについて著作のある方に「ショートバージョン
で書いてください」みたいな依頼の仕方をしたりとか。決め打ちは多いですね。
トークイベントとかになると、その場では収集がつかなくなるようなケースもあ
りますけど。なんだろう。そこまですごく外れたことはあんまりなかったかもし
れないです。逆に、対話の中で自然発生的に出てきたことを記事に活かしてい
ったりとか、あまりチャレンジングなことはできていないですね。なので、今日
のインタビューのようなシチュエーションは楽しみにしていました。「（加）西さ
んの、聴きたいことと聴けたことがズレないというお話は、的を射る力というか、
的確な質問力みたいなところなのかなと感じました。質問の作り方で工夫して
いることって何かあったりするんですか？」なるほど。そうですね……多分、仕
事のことに関して言うと、聴くことが終着点ではなくて、何文字の原稿になる
のかということがゴールなので。3000字の設定だったら、だいたい質問は5個
くらいかな、その中で起承転結の展開を考えると、「デザインはいつ始められた
んですか」「ターニングポイントはいつですか」「最近のお仕事はどうですか」と
か、聴けることは限られてくるかなと思うんです。意外と聴く項目はどの記事で
も近くて、そこで返ってくる言葉はそれぞれ違うんですけど。ベーシックなこと
を聴いているから外れないというのはあるかもしれません。「（加）話の起点の打
ち方がすごくしっかりしていて、滑らかなルートをつくっていかれるので、西さ
んのつくったルートに話し相手が自然に乗ってしまうみたいなことが起きるのか
なと。つい話し相手も次を話してしまうというか。で、この道であってます？、
そのままいきましょう、とか西さんがナビしてくれるような（笑）。」ちょっと右
いきましょう、とかですかね（笑）。「（加）先ほどの飲み会の様子を見聞きして満
足する、みたいなことも、話を聴くということが、言葉だけじゃなくてもうちょ
っと全体的な、身体的なコミュニケーションに落ちている部分が大きいのかな
とも。仕草とか、そういう部分も繊細に見ているから、人の心情の機微を見分
ける力がすごいのかなと。こう、髪の毛がピクッと動いたみたいなところとか、
そういうところまで見ているのかなって。話やシーンに没入しないというか。そ

の場に没入しすぎないで、目的を見失わないというか。自分は没入しがちなので……。」そんな仙人みたいなことはしていないと思いますけど（笑）、加瀬さんは原田くんと近いタイプなんですね。最近Zoomでのインタビューが増えて、それがすごく大変だなと思うシーンが多いです。こうやって対面で話していると、確かにフィジカルに受け取っている情報が多いんだと思います。オンラインだと上半身しか見えないし、タイミングもズレるから相槌も打ちづらいし。今日は対面でお会いできてよかったです。「今回みたいにゴールがはっきり決まっていないと特にそうですよね。でも、インタビューだと『質問を前もって全部送ってください』みたいな人もいるじゃないですか。」そう、あるインタビューでは事前に送っていた質問項目に対して、プレゼンテーションのスライドをまとめてくださった方がいたんですよね。では、画面共有します、とか言われて（笑）。わかりやすいし、とても助かるんですけど、それってインタビューなのかなって。「さっき加瀬さんがおっしゃっていた『没入しきらない』というところは西さんにはあるなと思っていて。それが聴くスキルに繋がっているのかなと。必ずしも没入することが楽しむことではなくて、そういう状況を俯瞰して見ることも含めて楽しまれているのかなって。」そうですね。自分では結構自分のことを冷たいなと思うんですけど、没入していないのか、しきれていないのかわからないけど、一歩引いているところはあるのかもしれないです。「それは職業柄ですか？ それとももともとですか？」多分もともとだと思う。うーん、あまり子供の頃から変わっていないような気はしますけど。こういう仕事についてからは、人とディスカッションしたり、悩み事を聴いたことによって、企画が生まれたり、仕事に発展したりすることは多くて。「（加）没入し切らない状態のときって、どういう楽しみ方をされているんですか？」うーん。聴く時の「没入」ってどういう状態なんでしょうかね。話す時の「没入」は、話していることを全部吐き出す、脳をフル回転させている、みたいなことなので、快楽を感じやすいのかなと思うんですけど。聴く没入って、結構想像力が必要な気がしていて、聴いたことを自分の経験とリンクさせたりして楽しくなったり、深く共感するような瞬間はあると思うんですけど……。私の場合は、ストックする行為に近いというか。原田くんはこれに興味があるらしい、じゃあここにしまっておこう、みたいな。「（一同）おお……」後でこれ引き出せるかも、と。そういう作業に近いのかなと思いました。「（一同）へえ……」「それは引き出しみたいなイメージですか？」そうですね。ファイリングしたりとか、引き出しに入れているイメージ。「たまにすごく古いのを引き出すことも？」ああ、あるかもしれない。だから人からよく「そんなこと

よく覚えていたね」と言われるのかなと。意識して引き出しを増やそうとしているわけではないですけど、頭に残っている言葉とかはあるかもしれないですね。「ちょっと関係ない話題かもしれないですが、西さんのデスクってすごくいつも綺麗なんですよ。編集者だと書類が山のように積まれている人も珍しくない中で、西さんのデスクはいつもすごく綺麗に保たれていますよね。」ファイル分けとか、資料を残しておくとか。そういうのはすごい好きですね。プライベートでもそうですね。学生時代にも、アーキビストの仕事に関心が強くあって。図書館司書の勉強をしたりとか。歴史研究をしていたので、資料にあたるというのも多くて、コピーした資料をフォルダ分けして取っておくとか。うんうん。それは共通しているかもしれない。机とか部屋とかは昔から割と綺麗でした。「(米) ストック能力が聴く力につながる……。」新書のタイトルみたいですけど (笑)。「(加) 自分はつい話したくなってしまうんですけど。ただ集めておくという、そういう楽しみ方……。」そうですね、分類学というか。収集している感じに近いかもしれないですね。うんうん。「収集というか、カードを出すみたいな感覚なんですかね。自分にはそういう感覚がなかったので新鮮です。」「(米) でも、原田さん加瀬さんもストックはしていると思うんです。多分、分類がされていないだけで、ランダムに。」「(加) 箱にぐちゃっと入っているみたいな。」「話しながらカードを掻き分けて『あった！』みたいな (笑)。」そうか。逆に。「(加) 整理されていると、偶発的なことは起きづらいけど、整理されているがゆえにちゃんと語り得る土壌みたいなものが整っているのかなと感じました。そういう楽しさなんですかね。」「(米) どう分類するかも人によって違うじゃないですか。」うんうん。そう思います。「(米) 私は時期によってストックして分類するタームと、全く何もしなくなっちゃうタームが数年おきにあるので、どちらの気持ちもわかるなと。でも結局のところ収集がついていないので、体系立てるっていう作業はできないんですよね。分類してストックする思考がずっとできる人じゃないとそういうことは難しいのかなと思うんですが。」確かに。私は、出すタイミングがあんまりないかもしれないっていうか。考えてみると、ずーっとストックしていますね。なんか、これだけ持っているぜ！みたいな気持ちはないんですけど (笑)、これが欲しいんです、って言っている人にひゅっと出す、みたいなことができればいいなと思って。「(加) 西さんはきっとそういう時に的確な資料が出てくるんですよ……素晴らしい。」加瀬さんに言われて、あ、確かに、そういうのはあるなと思いました。なんとなく、この人こういうの好きかなって思った情報をピッと出したりとか。そういうのはありますね。なんだか、次に皆さんに会う時のハードルを上げてしまっ

たかな。ちゃんと覚えているか、テストされてしまいそうで、緊張しそうです。

(0) 原田裕規については 2. を参照。西まどかは、1987年東京生まれの編集者。2013年武蔵野美術大学大学院造形研究科美術専攻芸術文化政策コース修了。誠文堂新光社アイデア編集部にて『アイデア』およびデザイン書の編集を担当。2018年より編集長。二人は大学の学部が同じで、『アイデア』での仕事を通じて関わりがある。

(1) 小松左京『神への長い道』ハヤカワ文庫、早川書房、1975年、173-174頁

4.

西まどかがLee Kan Kyoの話を聴く

Oct. 13, 2020

（米山と加瀬も同席）

米山（米）＆加瀬（加）：はじめまして。

Lee（L）：よろしくお願いします。

西まどか（西）：Leeさんは台湾出身で、アーティストとして日本で活動をしているんですが、前編集長との繋がりで編集部でお手伝いをしてもらったりすることが何度かあって。そこからのお付き合いです。杉浦康平さんのコメントをLeeさんが中国語に訳したり（笑）。

L：使いどころですね。

西：あと、大人数での忘年会を企画してくれたりとか。

L：まあ連絡するだけです。

米：今日は台湾料理屋で。西さんが、わいわいした感じがいいんじゃないかと提案してくださって。よろしくお願いします。

［乾杯］

西：Wang Zhihong [1] さんのところに一緒に行ったじゃないですか。

L：行きましたね。Wangさん。

西：その時のインタビューが、私の中では過去最悪のインタビューだったんです。ここまで人の話を聴くことをテーマにリレーインタビューが続いてきたので、その話をしたら面白いかなと思って、Leeさんが頭に浮かんだんですけど。まずその話をいいですか。Leeさんが台湾で個展をやっていた時でしたよね。

L：2019年の3月ですね。1年半くらい前。

西：私がたまたま個人旅行で台湾に行くことになって。で、メールではやりとりをしたことのあった台湾のデザイナー、Wang Zhihongさんのスタジオを訪ねてみたいなと思って。Wangさん、SNSでは英語を使っているんですけど、ご自身は全くできないそうで、私もGoogle翻訳の拙い中国語で、お邪魔していいですか、とやりとりしていて。それで現地では通訳が必要だなと思ったんですが、

もしかしてLeeさんが個展で台北にいるじゃんと（笑）。

L：使いどころですね。そういう存在ですからね。

米：これ美味しい。

西：大根もちだ。

L：なんか、その日、飛行機の時間でしたっけ。

西：そう、飛行機のせいで着くのが遅れたんですよ。さらに、めちゃめちゃ焦ってLeeさんのところにタクシーで行ったら、タクシーに携帯を置き忘れた。

L：しかもすぐ、その、Wangさんのスタジオに行かなきゃ行けないのに。

西：パソコンは持ってたんで、とりあえず遅刻の連絡はしていたんですけど。まずはタクシー会社に連絡を取らなきゃって、Leeさんの個展会場のギャラリーの人たちにも助けてもらって……というところから始まって。

L：パニックだったんですよね。外国で携帯失くしたらやばいですよ。

西：結局30分くらい遅れちゃったんですよ。だから向こうも戸惑っていたと思うんですけど。すみません、って。

L：行ったら、ものすごいかっこいいスタジオで。まさに、という感じですけど。ホテルのロビーみたいな感じ。

西：靴脱ぎましたよね。

L：鏡面仕上げのコンクリート打ちっ放しの床。iMacが2台あって、それと、マウスだけ。ほんとそういう。これちょっとやばいんじゃないかと。巨匠の事務所みたいな感じで。空気がまずい。お前らなんでそんなっていう雰囲気を（笑）。バンバン出してて。

西：スタッフもお二人だけで、たぶん奥さんと、Wangさんっていう。二人とも黒い感じで。

L：服が黒くて。

西：シュッとしている。

L：しかも口数少ない。西さんはいっぱい聞きたいことがあるじゃないですか。で、私がいっぱい喋ったら、返事は、「いや、特にないです」って。

西：最近の台湾のデザイナーで、若手とかたくさん居るけど、気になっている人とかいますか、っていう質問にも……。

L：「いません」。

一同：おお（笑）。

西：私はWangさんが台湾語で何を言ってるかわからないじゃないですか。でもLeeさんが固まってる。

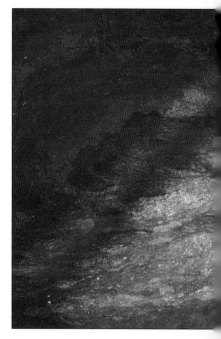

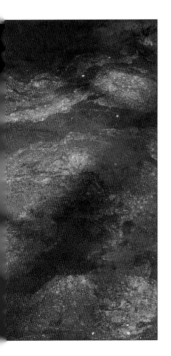

L：「いません」、出ましたと。本当にやりづらかったんですそれは。大変だった。

西：でも最後に、作品を見せてくれたんですよ。

L：向こうの段取りもよくわからなくて。準備してあるんですよ。作品のアーカイブみたいな、最近やったポスターとか。たくさん置いてあるのに、出してくれないんですよ。最後の最後に、奥さんが「作品、見ますか？」って聞いてくれて。「是非ぜひぜひ！」って。それで全部出してくれて。最初からそれやればよかったな……。

西：たぶん、インタビューをよく受けられているんだと思うんですけど、事務所の応接スペースのところにちゃんと椅子がハの字型に並べられていて。正面から写真が撮れるように、かな。

加：首脳会談みたいな。

L：慣れてるんですよ。

西：しかもLeeさんの椅子は、通訳用みたいな背の高いスツールで。ここに座ってください、と言われて。本当に申し訳なかったです。

L：難しい状況でした。

西：遅刻したのもあると思うんですけどね。

L：ナイフをドーンと刺す、みたいな方なんですよね。

西：でも、Leeさんのこと知ってましたよね。最後の最後に、ああ、あの絵の人かって。

L：いやいや。でもおすすめの若手は「いません」。

一同：（笑）

西：それが、私の中で一番失敗したインタビューでした。

米：失敗というより、西さんはスタジオに遊びに行くぐらいの気持ちで。でも向こうは正式な取材、日本から取材に来てくれたと思っていて、そこの齟齬があったとか。

L：ミスマッチが。

西：確かに。何しに来たんだ、みたいなことも言われたので。そうですね。でも結構、アイデアもそうなんですけど、海外のデザイナーさんが旅行ついでに編集部を見せてくれみたいなことってあるんですよ。そのノリをやってみようと思ったんですけど。中途半端に行ったらダメだなと。

L：聴き上手な西さんの、滅多にないシーンを見ちゃって。光栄です。

西：通訳に入っていただくのも難しかったな、というのも、いい経験でした。

L：通訳、難しいですね。プロじゃないから。バレちゃうんですよ。反省。

米：実は、今回の号で翻訳についてのエッセイを奥村さんという方に書いていただいてます。「人の話を聴く」を考えた時に、翻訳も気になるトピックで。そこに通訳の話も出てきます。

L：そう、でも、日本語って複雑な言語です。簡単なことなのに、長いんですよ。「読む」を「読ませていただきます」って。例えばインタビューの時に、西さんはいっぱい喋るじゃないですか。こうこうこれこれで、どうですか、って。で、返事が、口数少ない以上に言葉として少ない。っていうのも面白いですね。量感のギャップが。台湾語はそもそも意味を伝えるのがシンプルなんです。特に敬語とかもないので。

米：あまり回りくどい言い方をしない。

L：しないですね。

加：これ、チマキですか。

西：美味しそう。

L：美味しいですよ。

米：これ食べましたか？

L：どうぞどうぞ。

西：そんな前提なんです。で、そうそう。テーマをちょっとズラさせてもらって。Leeさんてコミュニケーションをすごくとるじゃないですか。アイデアの編集部に遊びに来てくれたり、忘年会を主催してくれたりとかもそうなんですけど。なんかこう、話しかけに行くというか、ぶつかりに行く印象があって。

L：そういうつもりはないです。

西：キャラクターが濃く見えるから、皆が接しやすいのかもしれないですけど。

L：嬉しいです。

西：Leeカード（後述 p073以降参照）とかは初対面の人とずっと喋ったりしながら描くじゃないですか。でも、他でモチーフにするものはちょっと距離をおいているというか、バイクとかチラシとか、こう、消費文化みたいなものに興味があって描いたりしているように見えて。Leeさんの中での人との接し方とか、人を見ている意識とかがどういうものなのか知りたいなと思って。

L：はい。

西：なんですけど、とりあえず順を追って訊きますね。まず、日本に来た経緯をあらためて聞いてみたいんですけど。

加：あ、烏龍茶一つください。

西：あ、私も。

Ｌ：わかりました。はい。それ一番、いい話です。

西：おお。

Ｌ：私、日本のエンターテインメントが好きだったんですよ。中学生の時に。その時、台湾で日本のTKファミリーとかを聴いていて。リアルタイムです。小学生の時、『ASAYAN』の前番組があったじゃないですか。『浅草橋ヤング洋品店』。

一同：知らない。

Ｌ：ありましたよ。ルー大柴とか出てて。そこから見てて。日本のエンターテインメントの絶頂期だったんじゃないですか。スーパーカーを買わせたりとかしてて。企画ものが多い。それが面白いなというのが最初だったんです。音楽とテレビ。その時、海賊版で日本の最新の状況を追ってたんですよ。まだネットは無くて。ミュージックステーションの番組とかを、たぶん留学生とかがVHSにダビングしたのを日本から毎週送って、それをさらにダビングしたものが台湾で売られてたんです。だからタイムラグは1週間か2週間くらい。すごい早いですよ。

西：そういうお店があったんですっけ。

Ｌ：そう。海賊版の。海賊の船みたいなのがあるんです。台北に。そこに行ったらパンドラボックスを開けたようなすごい世界。日本のシングル盤あるじゃないですか、細長い、8センチの。台湾と日本のレートが違うから、高くて買えない。だから台湾の業者が、例えば、X JAPANが年間出した全部のシングルをコンプリートして、一枚のアルバムにして、売る。

加：まさに海賊版。

Ｌ：そういうのが1枚800円。そういう文化をずっと見ながら、聴きながら。たぶんそういう店は台北しかないです。台湾の流行文化の中心。そこで日本の文化の中心を。

西：そういうのを聴き漁っていたLee少年。

Ｌ：そこで、「いいのがあるから」って、Hip HopのThe Blue Herb とか渡されて。リアルタイム。当時、全然日本語わからないけど、この人たちかっこいいと。電気グルーヴとか。

西：台湾のポップスはどんな感じだったんですか？ 当時の。

Ｌ：急に聞かれたら全然覚えてないですね。私は日本のJ-POPとか、洋楽をいっぱい聴いてたんです。マライア・キャリーとか。

西：（笑）だから描いてたんですね。Leeさんからのクリスマスカードがいつもマライア・キャリーの絵なんですよ。

Ｌ：年賀状です。ニューイヤーズカード。そのへん、すごい聴いてました。

西：リアルタイムで。だから郷愁があるのか。ただ模写しただけじゃない、ねばっこい感じというか。

L：嬉しいです。そこまで見えたんですか。

西：ええ、デスクの横に飾ってましたからね。

L：で、この国どんな感じだろうと。来たわけです。2007年。13年前。

西：台湾の大学を出て、台湾で就職もしてたんでしたっけ。

L：デザイン事務所に。で、すぐ首になって。3ヶ月。試用期間で、もういらない、と言われて。で、日本に留学しました。

西：それは聞いたことなかった。

L：言ってないですね。結構大きい、十何人もデザイナーがいて、コスメティックのパッケージとかをやっているところで。あんなの新卒でできるわけないじゃないですか。超難しいです。私がやったのはスーパーマーケットの冷凍食品のパッケージ。地方の。

西：イオンのトップバリュとか、プライベートブランドみたいな。

L：二軍の。小ロットの。えびの冷凍用パッケージ作った記憶があって。できないわけ。それがダメになり。日本に来たんです。造形大のグラフィックに入って。編入で3年生から入ったんですけど、ちょうど、3.11を挟んでて、就職できなくて。大学院まで行った。

西：台湾でも美大でグラフィック系だったんですよね。J-POP少年がそっちに行ったのは、何かきっかけがあったんですか。

L：絵を描くのは食えないじゃないですか。だからデザイン行くしかない、というごく安易な発想で。台湾の美大は3つしかなくて。国立に行ったんです。学費が安い。絵を描くのは、ずっとちっちゃい頃から描いていて。でも食っていけないから、グラフィックデザイン。でもまさかデザインでも食っていけないとは（笑）。それは後の話ですけど。

西：日本での空港のエピソードがありましたよね。

L：あー、はいはい。日本に留学しようかと考えた時に、お試しの旅行をしたんですよ。下見に。3ヶ月間。いろいろ回ってて。3ヶ月間いたら飽きるじゃないですか。で、もういいやあ、と思って台湾に帰ったんですよ。そしたら、台湾の空港の水漏れが酷くて。

西：排水管とか、エアコンとか。

L：設備がボロい。それを見て、これはもうちょっと日本で頑張りたいと。で、決めた。空港の水漏れのおかげ。造形大に入る前に日本語学校行って。この近

く、新大久保。10ヶ月くらい通って。その時、YouTubeとか無いじゃないですか。勉強が大変な時代。今思うとびっくりしますね、この話。ただでは手に入らなかったですよ。

西：その後、杉浦康平さんのコメントまで訳せるように。

Ｌ：訳せてなかったですけどね。何か頼みますか。

加：Leeさんのおすすめ美味しかった。

西：皆さん、お腹はどうですか。

米：あれば食べちゃいますね。

Ｌ：［注文］

西：造形大を卒業して、就職しようとは思わなかったんですか。

Ｌ：したんですよ。

西：あ、そうだったんですか。

Ｌ：デザイナーじゃなきゃ食えないという洗脳がなんかあって。あるよね。絵描くのだけじゃダメだなと。デザイン事務所に就職したんですよ。Butter Inc.っていう。

米：（驚）

Ｌ：だから実は会ったことあるかも。

米：Butterって、印刷会社のGRAPHから独立して若者が立ち上げた、プリンティングディレクターとデザイナーがいる会社で。前に自分が働いていた事務所ですごくお世話になってて。

Ｌ：私がそこに校正持って行ったんですよ。でも、時期かぶってないかも。

西：じゃあ、特殊印刷とかも対応してくれるような。

Ｌ：なんでもやる。ちっちゃい会社ですよ、最初、3人で作った。途中で私が入ったりして、5人で。私、一番下っ端。そこから修業ですよ。日本の修業。印刷とか全部教えてもらって。とても勉強になった。ありがたいですよ。この話もあんまりしない。本当にここだけです。そこに5年、6年か。いたんですよ。

米：割と長い！ じゃあ結構うまくいってたんですか。

Ｌ：修業という意味では。

西：まさか繋がっていたとは。

Ｌ：若い会社ですから、割とラフでしたけど。それなりのサラリーマン的なことは全部やりました。謝罪とか。

西：デザイン職だけじゃなくて、営業とかも一式やるような。

Ｌ：電話も出るし、印刷もやるし。なんでも。いやー、大変だった。でも日本の

デザイン界隈、マップがなんとなくわかった。毎日、青山あたり校正持って歩いたり。そういうのを見て良かった。最先端なところですし。

米：辞めたきっかけは？

L：仕事しながら絵も描いてて。途中で「1 WALL」(**2**)も獲って。だんだんアーティストの活動が忙しくなって。デザイン事務所、結構忙しいじゃないですか。家に帰って絵を描くの、夜中の3時すぎとか。ちょっともう体的に厳しい。人間関係も難しい。よくある話じゃないですか。それで辞めた。それが6年前の話。私、外国人だから、転職が難しいんですよ。でも転職先が決まらないと帰らないといけない。ビザがなくなっちゃう。だからなかなか辞めるのも難しいですよ。アーティストビザを取るのも大変なんですよ。結局辞めてから取ったんです。書類を準備するんですけど。A4の紙をこれくらい（4cmくらい）。

西：そんなに！

L：賞を獲ったこととか、あと推薦文を書いてもらったり。活動の企画書とか。来年の売り上げのプランを出さなきゃいけない。

西：人に頼んだりできる人じゃないと難しいですね。営業をした経験が生きたかも。

L：巨匠たち、忙しいじゃないですか。でも期限もあるし。まだですか～って連絡したりとか。あと、アーティストビザだと、1年で更新しないといけないんですよ。

西：じゃあ毎年、来年の計画を。

L：来年の売り上げなんてわかんないじゃん。それを書かないといけないんです。あと、前年度の実績。個展とか、このインタビューも実績になるから。そういうの大事。政府にとったらそれしか判断材料がない。毎年プレッシャーですね。今年落ちたらどうするか。

西：帰らないといけなくなっちゃうんですか？

L：私はもう何年もいるから。中長期滞在者っていうのがあるんですよ。だからよっぽど、ひどいことしなきゃ大丈夫だと思うけど。今までの積み重ねがあるので。っていう感じ。

西：そんな大変だとは知らず。でもそうですよね。留学生とは違いますもんね。

L：会社員だと、広告代理店で働いてます、ブランドがあるじゃないですか。個人だとないですよ。だから、国からすると、ちゃんと税金払ってくれるんですよね？ っていう感じですよ。

L：これ、ビーフンです。

西：美味しそう。

L：こっちはお酒が入ってる。

加：改めてLeeさんとてもすごいですよね。現地の言語を習得して、現地の企業で働いていたなんて。

L：そうですね。でも、ご縁ですよ（笑）。

西：なんかでも、Leeさんが丁寧語を使う理由がわかりました。ネタで使ってるのかどうか、ニュアンスがわからなかったんですけど。「させていただきます」とか。

L：あ、その話したいですね。言語の。

西：そう、これ、質問しようと思ってたんですよ。日本にいるときと台湾にいるときで人との接し方は変わりますか？

L：考えたんですけど、接し方は変わらないですよ。でも、言葉がだいぶ違って。「させていただきます」の意味、わからないですよ。よくよく考えたら。なんでそんな言葉を使わなきゃいけないのか。特にデザインの場合、「デザインさせていただきます」って言いません？

加：最近言わないようにしている。ここ2、3年くらい（笑）。

L：おっ！（拍手）

加：途中から、「デザインしました」でいいかなと。

L：ね、「担当しました」でよくない!?　変だなと思って。

米：私は「お手伝いしました」とか言いますね。

L：お手伝いはありますね。ヘルプみたいなことじゃないですか。ヘルパーはわかる。訳できる。「させていただきます」は訳できない。私の国の言葉、そんなのない。英語も多分ない。Let meでも違うじゃないですか。尊敬語と謙譲語の使い方がそもそもない。

西：でもLeeさん、よく使うじゃないですか。

米：さっきも本誌のバックナンバーを渡したら、「読ませていただきます」って。

L：それは確かに、わざとな部分もある（笑）。

西：どういう感じなんだろう、って。実はLeeさんは日本語がもっと上手いのでは説もあるんですよ。今でも十分、上手いんですけどね。

L：私は今、精一杯ですよ。今、熱がすごいですよ、CPUが熱を持っちゃって。

西：フル回転している。そうか。

加：今は台湾語で考えて、日本語に訳してるんですか？

Ｌ：今は日本語で考えてる。一回変換するのはさらに大変。最初はそうだったんですけど。

西：それってひとりの時もそうですか？　人と話さないときとか、作品のことについて考えるときとか。

Ｌ：それって時期によるんですよ。最近は割と、いつか日本から出るかもしれないとかいうマインドがあるから、日本語ベースで考えてないです。

西：コロナで？　最近、人と全然会っていなかったって言ってましたね。

Ｌ：コロナ、いろいろやばいじゃないですか。日本も。私はここにいるから、結構不安で。もし罹ったら、ハイリスクの人が先に入院する、優先順位がある。それ怖くないですか。あと何ヶ月か前に、国会議員が外国人を後回しにしようって言ってましたね。それは怖い。身の危険。私家族もいないし。でも私はまだましですよ。日本語ができていろいろ申請もできるし。外国人、そんなのできない人たくさんいます。あんなの難しすぎる。助成金とか。

加：想像を絶しますよね。言葉がわからなかったら。

Ｌ：死活問題じゃないですか。ホームページ開いたら、あと45分で入力せよとか。嫌がらせですよ。そもそも日本語できない人は相手にされてないですよね。窓口でも。だからこの時期は不安で。知ってるフリーランスの人で帰国した人もいるし。という。暗い話。

西：震災もコロナも経験して。

Ｌ：まあそれもラッキーかもしれないです。震災の時はまだ学生だったんです。社会のこと、全然わかんなかったんです。帰国しなかった、あの時。その選択肢はあったんですけど。それをせずに、まだここにいようとする、というのを選んでました。その時は日本で就職しないと、という意思があったんですよ。でも今は状況違うじゃん。

西：もしかして帰るか迷ってます？

Ｌ：いいえ、いまはその山は越えた。だからしばらくは帰らないと思うんですけど。

西：そんな中で、めちゃくちゃ大きな暑中見舞いのカードを送ってきてくれて。

Ｌ：いつもやってる、薬局のチラシを描いてカードにしたんですけど。B4サイズ。原稿は実物よりもっとでかい。それを縮小して、印刷して。

西：冬のマライアからの、ドラッグストア。

米：その時期、なんというか、タイムリーな。

Ｌ：そういうつもりだったんですけど。

西：そうか、それは……汲み取れてなかった。マスクとかね、並んでましたもんね。

Ｌ：そう。私、1月に台北に行って帰ってきたんですよ。まだ日本ではウイルスの話広がっていなくて。でも台湾では皆詳しく知ってるんですよ。だから帰ってきて、すぐアシスタントとマスク買い溜めよう、って。だいぶそれ助かったんですよ。

西：その中でも制作は続けていたんですか？

Ｌ：してましたね。チラシの、薬局の絵もそうだし。私の家は駅の、ホームのすぐ向かい側にあるんですよ。だから窓を開けたらすぐ見えるんですよ。駅が。緊急事態宣言の時に、毎日、駅を観察していたんですよ。最初1週間はホームには人が少なくて、だんだんおじさんが増えてきて。

西：間接的に人の観察はしていたんですね。

Ｌ：それを毎日カメラで撮ってたんですよ。定点で。2週間くらい。通勤の時間と、帰宅ラッシュの時間を。観測していたんですよ。ただ暇だっただけですけど。

西：線路横に住むって面白いですね。

Ｌ：本当に駅に近いですよ。［Googleマップで見せてくれる］

加：これはもう駅ですね。

米：本当に目の前。あえてですか？

Ｌ：駅の前がいいなと思って住んだんですよ。前もそうだったんですよ。2回目です。

加：それは、Leeさんにとって魅力があるんですか？

Ｌ：機能で考えたんです。駅に近いと、展示があったりした時に荷物を運ぶのが楽じゃないですか。あと、人がいっぱいいるじゃないですか。賑やか。なんとなく安心。西友もあるし。西友よりウチの方が駅に近いですよ。でもうるさいですよ。ホームだから。はい。

［しばし、物件と場所について歓談］

西：せっかくだから、もうちょっと踏み込んだ話を訊きます。Leeさんは、描いている人のことをどういう風に考えて描いているんだろうと思って。週刊誌の表紙のアイドルとか描いてるじゃないですか。でもそれは多分メディアを通して見ていて、実際には会ったことのない人だと思うんですけど、Leeカードの時はめちゃくちゃ対面で、むしろフィジカルな情報をもとに描いているじゃないですか。

どこを見て描いているんだろうな、と。

Ｌ：カードを見て描いてるんですよ。話は聴いてるんですけど、人はあんまり見てないですよ。人のカードを見てるんです。

西：興味はそっちの方にある。

Ｌ：今日、持ってますよ。［現物を見せてくれる。カードをサインペンで模写したカードが多数ファイリングされている。サイズは実物の倍くらいある］これ、私の長くやってる活動のひとつで。人の会員カードを描く。図書館の会員証とか、銀行とか、クレジットカード。保険証とか、そういう時は顔写真がある。

西：そうか、顔がないカードもあるんですね。

Ｌ：これは、あなたの持っているカードを1枚貸してもらって、私はそれをそのまま1枚描いてコピーする、つまり私のカードを発行する、そのあと私の個展とかにそのカードを持ってきたらポイントが貯まる、5ポイント貯まったらもう1枚カードを描いてあげる、だからカードがカードを増やす。っていうプロジェクトなんですけど。

西：Tokyo Art Book Fair とかでも行列ができたりとかしていて。

Ｌ：最初はそこでやり始めて。

米：カードは描いたらその人にあげてしまうんですよね。

Ｌ：そうです。問題はそのカードなんです。人と人を繋ぐのはカードなんです。カードがなきゃ、知らないです。カードが証明です。

西：印刷物を通したコミュニケーションということですよね。

Ｌ：物が大事です。人の顔を描くのはおまけ。顔は、個人的、カスタマイズする機能なんですよ。好きな彼氏とか彼女の写真を財布に入れたりするじゃないですか。

西：プライベート感というか。

Ｌ：私のもの、みたいな。でも比重的には小さい。

西：人を描こうと思っているわけじゃないんですね。

Ｌ：あ、でも、それも大事です。個人のもの。例えばこれ、マイナンバーカードですけど。これすごい面白いんですよ。ちょうどこれを描いた頃にマイナンバーカードがはじまったんですよ。で、全部、情報、描いちゃったんですよ。

米：それはダメなのでは……。

Ｌ：そう思うでしょ？ そうなんですよ。でもこの人が本当にこのマイナンバーカードで描いて欲しいって。こういうものはすごくプライベートじゃないですか。しかしこのプロジェクトはそれを逆転するというか。あなたのプライベートなも

のを私と交換する。情報の交換、ということができる機会、というのがLeeカード。普通は人に見せない、渡さないものじゃないですか。クレジットカードとか。

西：なるほど、なるほど。

L：実際に社会に流通しているカードのシステムの逆。面白いですよ。

西：個人情報が、とこんなに言われている時代に。なるほど、そういうことだったんですね。ということは、アイドルとか、雑誌の表紙なんかを描いている時にも人のことには興味がないんですか？

L：人のところには……興味、ないですね。

一同：（笑）

西：むしろ週刊誌とか、メディアに興味があるってこと？

L：私が思ってるのは、物に興味があるんですよ。物自体に。人の部分は大事ではないです。その、人の比重はなるべく下げたいです。［Instagramのポートフォリオを見せながら］この雑誌のシリーズとか。これは映画の時刻表を描いたもの。どちらかというと、情報を描きたい。バイクを描きたいわけじゃなくて、バイクの雑誌を描きたい。

加：大衆に向けられたものを、描いて、個人化するということなのかな。

米：確かに、Leeさんが描くものはたくさんの人に向けてつくられたものばかりですね。

L：それを選んでいます。

西：人とか、人の生活をベースにしたものなんだけれど……うーん、整理が難しいですね。

L：その物体に興味があるんですよ。メディアというと合っているかわからないですけど。例えば雑誌。例えば新聞。CD。

米：大量生産される情報。

L：でも、大量生産というのはかつては普通だったけれど、どんどんそうじゃなくなるじゃないですか。

加：記号の収集やそれらの扱われ方についてへの興味なのでしょうか。たくさんの記号が載っているじゃないですか。駅の近くに住む感覚にも繋がるような。駅もたくさん人がいて記号が行き交っている。

米：チラシを見ている感じに近いのかな。

加：情報がたくさんやりとりされていることに対して目線がいくのでしょうか。

L：かもしれないです。わからない。

西：人に関わっているようで、人は大事じゃないといいながら、でも人な気がす

るというか。その辺の距離感が面白いなと。

L：カードをつくっている時に、その人の話を聴くんですよ。だいたい30〜40分かかるんですけど。1枚につき、対面で。「こんにちは〜。今日どこから来ました？」って。

一同：（笑）

L：「毎年来てます？」「結構いろいろ見ました？」とか、そういう。質問はパターンがありますね。それで、だんだんその人が喋り出すじゃないですか。個人の話とか。例えば、何回も来てくれる人がいるんですよ。美大の学生だった人が、就職できて、さらに転職して。それでカードが変わるじゃん。学生証が社員証、次は違う社員証。毎回そのターニングポイントにカードを持ってきて描いて欲しいって。それってすごく、嬉しい。ささやかな感動ですけど。

西：節目節目に、Leeカードが。

L：私もその人生のセクションに参加できているような。意味がある活動だなって。

西：定期的に続けているとそういう出会いもあったりするんですね。

L：それにカードって、観光の人は作らないじゃないですか。だからその場所にいる人が持ってきてくれる。私が例えばソウルや上海に行ったりしてLeeカードを描くと、街の情報がわかるんですよ。これなんのカードですか？って聞くと。例えば上海には「泳ぎカード」があるんですよ。水泳のための健康カード。自分が病気を持ってないっていう証明が必要なんですよ。プールに行く時に。それは知らなかったですよ。面白い。街の事情がわかる。

米：普通の人は情報をそのまま情報として受け止めるけど、Leeさんは情報がなぜそこにそう載っているのか、っていうことに興味があるんですかね。カードは、それを読み解くための鍵というか。

L：そうかもしれないです。それは大きいです。はい。

加：Leeさんは生まれた国とは違う国に来たからこそ他国が持つ魅力に気づいたのかな。例えばTカードは、たくさんの日本人が持っているから、持っている日本人自身は普段はTカード面白いなんて思わないような。見落としがちなことなのかもしれないですね。

L：しかし、全種類のTカード見たことありますか。私、前に調査したんですよ。いっぱいあるんですよ、まだ更新されてるし。で、それをさらに描写する。

加：その土地特有のものみたいなことにも興味があるんでしょうか。

米：描いている時は、感情とかは。

L：ないんですよ。

加：マシーンみたいな。

L：私、つくったLeeカードを人にあげる前に写真を撮るんですよ。で、スタジオに戻ってその写真を見ながらもう1回つくり直すんですよ。だから同じカードが2枚ある。

一同：（驚）

L：控えですよ。私の手元に。自分で描いてる場合もあるし、アシスタントに一緒に描いてもらうのもあるんですよ。描くのは意味あるけど、執着はないんですよ。

米：自分で描かなくてもいい。

L：自分で描かなくてもいいんですよ。しかし私がやる意味は今の時点では大きいですよ。でも2、3人でやり出したらそれはそれで面白いです。

米：Leeファクトリー。

加：でも、あくまでも手で描くんですね。コピーをするとかじゃなくて。

L：手を通すのがいい。やっぱり。めんどくさいんですよ。だからいいんじゃないですか。

一同：ああ～。

西：描くことで、自分の中にもその情報が整理されて入ってくるし。

L：この話、外国でわかってもらえないことが結構あって。なんで手で描いてるんですか？って何回も訊かれるんですよ。もっとひどいと、なんでiPadで描かないんですか？とか。嫌味で訊くとかでなくて、素直に。

西：なんで40分も待たなきゃいけないんですか？とか。

L：そうそう。でも日本だと、すぐわかるじゃないですか。めんどくさいのがいい、って。わかるよね。

西：なんだろう。

米：確かに、手がかかっているものはありがたい、みたいな文化はありますよね。

L：あると思う。

西：ああ、手紙とかも、そうですね。

L：ハンコとか。

米：いまそれすごく言いたそうでしたね（笑）。

L：日本人はそれすごくわかるんですよ。根っこからハンコがいいと（笑）。

西：台湾の人たちにとっては、手描きって不自然じゃない感じなんですか？

L：台湾は、わかる。だから活版の良さとか流行ってる。でも手作業が良くて好

き、と、ノスタルジーが好き、という話も全然違うんだけど。

西：手をかけることに価値があるんですね。

L：そうですね。手でやった方がいい。

米：ちょっと聞きかじりなんですけど、日本の近年の工芸にも写しっていう手法があって。名品と言われる古い器の形を、自分たちが今使える材料や手法で写しとるっていう。で、それを使える器として完成させて売ったりする人たちがいるとか。それと通じる何かがあるなと思ったり。

一同：へえ〜。

西：書道とか、文字の文化も、転写するってありますよね。お手本を見て。

L：コピーが、DNAの中に入ってるんですかね。海賊盤の話もね。

西：そこと繋がってしまった（笑）。

加：西洋だとカリグラフィとか。

西：「her」って映画で、主人公がラブレターのメッセージ文を代筆する職業の人だったんですけど、それもカリグラフィっぽい書体でレイアウトされていたりとか。自分で書かないで、サービスとして誰かに頼んじゃうところとか、ちょっと日本とは感覚が違うなって思ったのを思い出しました。

米：確かに、日本でラブレターを他の人に書かせて送るというのは、なんじゃそれ、となりそう。

L：価値観が。なんだろう。わかんない。

米：Leeさん、使う画材は決まってるんですか？

L：だいたい一緒ですね。使ってる色とかもだいたい決まってる。

米：世界堂で買って。

加：先ほど見せていただいたLeeカードに世界堂のポイントカードありましたね（笑）。

L：一緒にして、ブレないように。

米：CMYKみたいな感覚なんですかね。

L：昔、訓練されたね。

加：印刷実務経験もありますしね。

L：それは関係ありますね。

米：複製するっていうことへの執着があるんですかね。

加：でもその、印刷の技法を極めていくっていう方にはいかなかったんですね。

L：前職でやってたのが複雑な印刷だったんですが。今一番しっくりくるのは、普通に4色でPPをかける印刷です。

西：特色とかも使わない。

L：なるべく使いたくないし、そう、しかも一番上にPPをかけたい。

加：保護する。

米：それって、流通させるのに一番合理的な状態ですよね。

L：そうですね。あと水に強いですね。

一同：(笑)

L：耐久性。特色使うとか、特別なことは皆わかるじゃないですか。それはそれですごいんですよ。それはわかった。でもそういうことじゃなくて。なんか複雑すぎるんですよ。自分は絵も複雑じゃないですか。混乱しちゃうんですよ。だからひとつ落としたい。

加：そのレイヤー感覚は、デザイン事務所にいたからかもしれないですよね。

米：全体を見てバランスをとる、という感覚とかも。

L：引き算ですかね。

西：Leeさんから引き算という話が(笑)。

L：すごい嫌ですけどね(笑)。私は、あまり言いたくないです(爆笑)。そうですね。面白いですね。

(0) 西まどかについては3.を参照。Lee Kan Kyoは、アーティスト。台湾出身。日本のエンタメに魅力を感じ、2007年来日。スーパーのチラシ、週刊誌、ポイントカードなど消費社会の現象に着目した創作を行う。好きな日本のCDショップはタワレコ渋谷店。

(1) Wang Zhihong 王志弘：台湾で活躍するグラフィックデザイナー。日本の書籍の台湾版の装丁を手掛けることも多い。

(2) 1_WALL 株式会社リクルートが運営するギャラリー、ガーディアン・ガーデン主催によるコンペティション。写真部門とグラフィック部門がある。1992年から開催されていたひとつぼ展がリニューアルされ、2009年より新しい公募展として開始。Leeさんが受賞したのは2014年第10回グラフィック1_WALLグランプリ。

会う、話を聴く、写真を撮る、写真だけが残る　　江崎愛

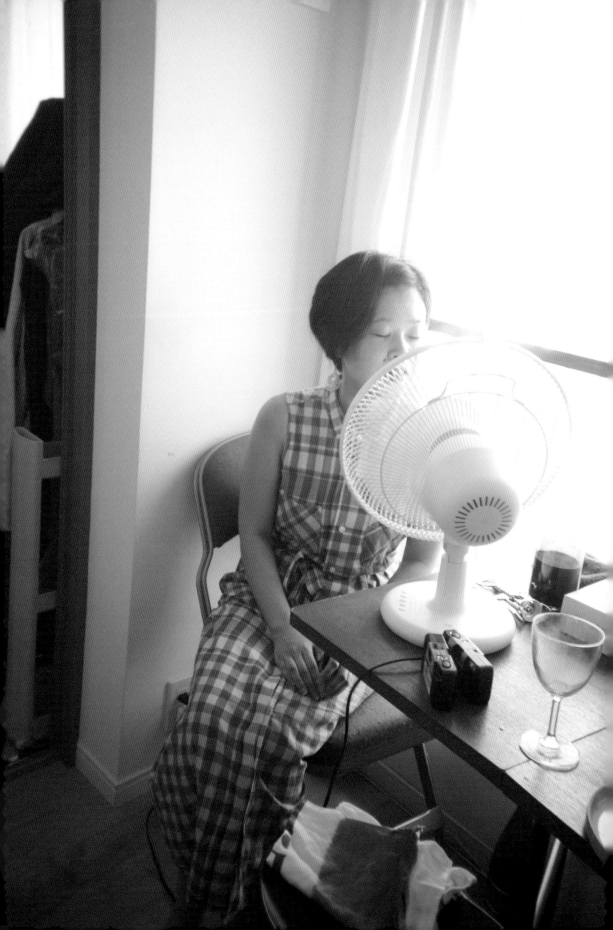

あの日、急にあらわれた黒い四角について。最初、私はそれを黙祷のようなものと受け取った。黙祷の黒。かつ、抗議の黒。無言で黒い四角を投稿するだけで誰でもベッドの上から参加出来る、シンプルでイージーでInstagramに最適化された、スマートでグラフィック的にも最高に優れているアクション。これが、その週の火曜日は仕事を休んでブラック・コミュニティのためにできることを各自しよう、というストライキの呼びかけだということは後から知った。ものすごい勢いで広まった結果、単に応援や共感の表明という意味で捉えた人も多かったのではないかと思う。

なにかが起きているという高揚感があったあと、それが連鎖し、自分のタイムラインが真っ黒になったのを見たときはなにかを押し付けられているような苦さも感じた。黒い四角に苦言を呈す人も出始めた。本当の意図を伝わりにくくしているのではないか、とか、投稿に乗っかるだけで何かをした気になるな、とか。

気軽な投稿だけで善い行いをした気になるなんていうのはお門違いなのか？それは確かにそうだ。そうかもしれない。でもやっぱりそうではないかもしれない。

いまこの瞬間に私はあなたの側に立ちます、という目に見える形での表明がどのくらい人の助けになるか、知らない誰かが私の側にただ立ってくれたということがどのくらい心を励ましてくれるか、私は実感を持って知っている。時間を割いてくれなくても、お金を払ってくれなかったとしても、ただ賛成、と思ってくれる人がいるというのは自分の存在を認められた心持ちになるものだ。しかしそれでは足りない、そんなんじゃ現実は変わらないじ

ゃないか、というのも事実だろう。自分は現実を変えられたことなんて一回もない。

みんなが参加できる気軽なアクションに苦言を呈したくなってしまうのはなぜ？　自分が抱えている問題意識が広く浅く増殖していくことに抵抗を感じるのは？　自分が意識的に考えてきたことについて無意識だった人が語り出すと、被せてなにか言いたくなってしまうのはどうして？　それは相手の口を塞ぐ行為にはならないのだろうか？　知らなかったことについて知り初めたことを表明するのは忌むべきこと？　社会のうねりに見えるものに参加してダイナミズムを味わうのはどう？　いまこの瞬間にはじめてこちらを向いた人に対して、どのようにふるまうのがよいのだろうか？　受け入れる準備に足をかけたばかりの人、ベッドの上で親指を動かしただけではなくそのことについて考えて自分のした愚かな行為を思い出し眠れない夜を過ごした人には？　みんなが乗った船に思わず飛び乗ったはいいがどうしたらよいかわからず戸惑った人には？　そもそも聴こうとしない人もいて、そういう状況でどう声をかけ合うのがよいのだろうか？　黒い四角を見ているだけではわからないことだらけだが、黒い四角はそこにひやりとごろりとした大きなものがあるということを私に教えてくれた。それは忌むべきものなのだろうか？

そしてここまで考えて、これはぜんぶ私の話じゃないかと気がつく。でもあの出来事はあの人たちのものだ。いまはあの人たちの話をきくターンだ、それは本当にそうなのだ。人の話を聴くというのはどういうことか？　私は本当にそれが出来ているのだろうか？（最悪なことにこれはまた私の話だ。けれどもこの話はここから始めなくてはならない。）G

GATEWAY 4th issue

A penny for your thoughts.

翻訳と密室あるいは世界の終わりとワームホール

奥村雄樹

1.

「事象の地平面」という物理学の用語がある。ある地点——私たちの場合なら地球——から光や電磁波を使って遠い宇宙の様子を調査する際にそれ以上はどうしても観測を進めることができない限界のことだ。典型的にはブラックホールの境界面がそれである。さらに通常の外宇宙ならどこまでも観測できるというわけでもない。宇宙はいまでも膨張を続けているがその後退速度は地球から離れるほど増していく。ある一定の距離から先においてそれは光速よりも「速く」遠ざかっているらしい。その「向こう側」の光はいつまでも地球に届くことがない。私たちはその領域についていかなる情報も永久に得られない。この決して突破できない壁が「事象の地平面」であり実質的な「世界の果て」である。もちろん地球ではなくたとえば系外惑星ケプラー452bを起点とするなら観測できる範囲は変動する。世界の終わりは相対的なのである。

個々の主体がそれぞれに生きる「世界」もまた同様に相対的な「果て」によって限界づけられている。物事があなたに「現前」してくる——あなたが生身のまま五感を通じて直に対象を「観測」できる——時空間的な範囲はとても狭い。それを規定するのは何かと言えば光速を持ち出すまでもなく生体の視聴覚の感度である。私たちは少し先の曲がり角の向こう側の様子を探知することすらできないのだ。ブラックホールに相当するのは他者の内面だろう。他の人が考えていることや感じていることや思い出していることを直接的に感知することはたとえその人があなたの目の前にいたとしても原理的に不可能なのだから。誰もが個々の「現実」という「地平面」に閉じ込められている。その「向こう側」の情報には手が届かない。私たちはそれぞれに固有の「世界の果て」に規定されている。

その限界を押し広げるためにこそ人類は言語を開発したのだろう。いまもむかしも誰かと言葉を交わすことは本質的に「情報」の交換である。私が

あなたに伝えるのは私が知覚した物事のうちあなたがまだ知覚していないあるいはどうしても知覚できない物事である。それにはあなたにとって未踏の地のことや私の心持ちや思い出などが含まれる。あなたが私に伝えるのはあなたが知覚した物事のうち私がまだ知覚していないあるいはどうしても知覚できない物事である。それには私にとって未踏の地のことやあなたの心持ちや思い出などが含まれる。お互いに自身の「世界」の限界を相手の「世界」によって補う。それによって「世界の果て」を突破し間接的な「観測」を実施する。あなたが閉じ込められている「密室」には大きな価値があるのだ。それは他人から見ればあなたしかそこにアクセスできない——あなただけが独占的な「特権」を与えられている——固有の領土なのだから。言語による「地平面」の突破は人類に大きな飛躍をもたらした。だから言語は直接的な観測と同等もしくはそれを凌ぐ絶大な力であなたの「世界」を規定するようになった。身の上話であれ演劇であれあらゆる「物語」が成立するのは言語に「現実」を塑造する力が備わっているからにほかならない。

言語はその力を駆使して「世界の果て」と「世界の果て」を接続する。その文字どおり「果てしない」連結の総体こそが「社会」だろう。そのような相互接続の基盤を成すのは一人称単数「私」が司るところの主観的な経験の報告である。文字が生まれ記録媒体と遠隔通信が発達した現代において事態はますます複雑化しているが基本はずっと変わらない。私たちは誰かが「私」という人称で語る内容をほとんど無根拠に信頼する。「悲しい」「お腹が空いた」といった内面の感情や感覚について本人の申告を信じるほかないのは明白だが外界の観察であっても「〜を見た」「〜を聞いた」という主観的な経験に還元されるのだから結局は同じことだろう。内的な情動であれ外的な様相であれどちらも本人の反省的な認知すなわち短期あるいは長期記憶の事後的な反芻を介して記号化された「向こう側」の状況なのである。その起源にアクセスできる特権を持つのは本人しかいないのだからたとえ「嘘」によって損害を被る可能性があるのだとしてもそれを差し引いてもなお私たちは「私」という語を従えて語られる内容に信憑を寄せることで

こそ文化と文明を発展させてきた。

個々の「私」を介した「世界の果て」の融合は——再び宇宙規模の事象を召喚するなら——いわゆるワームホールを思い起こさせる。理論的にブラックホールの内部は遥か彼方の空間に直結している可能性があるらしい。昔ながらの言い方をすれば「ワープ」である。単なる空想ではなく物理的な事実としてその可能性が論じられているわけだがそれに引き換え言語を介した「世界」と「世界」の直結はあくまでも仮想的な現象に留まるほかない。結果的に辻褄が合うことはあっても——というか極力それを擦り合わせることで社会は成立するのだが——あなたの「世界」と私の「世界」は決して直接的に内通しないのだ。私はあなたから言語化された情報を受け取りそれを読み解くことで私の意識においてあなたの経験を再構築することができる。しかしどこまで突き詰めてもそれは間接的で擬似的な記憶の共有でしかない。私たちの「世界」は決して交差することなくひたすら平行に進む。空想科学的な発想や多世界解釈を持ち出さずとも私たちはつねにすでに各自のパラレル・ワールドを生きている。

このような相互接続の絶対的な不可能性——私たちの究極的な個別性——を根拠づけるのは身体の単独性である。どういうわけか誰もがあるひとつの肉体と不可分に結び付いている。それを経由しないと事象の観測ができない。他の誰かと肉体を交換することは不可能である。だから私たちはたとえ同じ時空間や事物を共有していても絶対的に異なる「世界」を経験している。それぞれの「世界」が別個であることそして「世界」が「私」と全面的に等号関係で結ばれていることの明白さは「私」が死ぬ瞬間に「世界」が自動的に消えることに思い至るだけで了解されるだろう。肉体が活動を止めれば物事を知覚する主体も崩壊するのだから。生きている限り私たちは完全に孤独なのである。

ならば魂はどうなのか。僕はいわゆるコンテンポラリー・アート（現代美術

や現代アートとも呼ばれるがとりわけ近頃は主流となりつつある後者の呼び方が大嫌いである）の界隈でアーティストおよび翻訳者として活動しているのだが8年ほど前にバーゼルの施設で3か月ほど滞在制作のプログラムに参加したことがある。そこで霊能力を持つと主張するスイス人のアーティストと出会った。彼女は霊媒師として仕事をしており幽霊と語り合うこともあれば生きている猫や犬の魂から話を聞いて飼い主にその内容を伝達することもあるという。ひとつ忘れられない話がある。彼女によれば人間はもちろん犬や猫くらいの動物であれば個々の魂の輪郭は明瞭だが小さな生物たとえばアリは女王を中心とした群れの全体でひとつの魂を共有しているらしい。すとんと腑に落ちる話だった。妙に納得した。でもそれは相対的なものかもしれないとも思った。高次の階層から見渡せば私たち人間もまた集団ごとにあるいは究極的には全人類でひとつの魂を共有しているに違いない。なぜかそう直観的に確信した。だとすれば私たちはもともと繋がっている。同じひとつの「世界」を共有している。個々の肉体によって分断されているだけで。

2.

つくづく漢字とは罪深いものだと思う。漢字それ自体のことではない。当然ながら中国文化のことでもない。問題は日本語における漢字の借用の仕方である。まずもって大和言葉への適用がまずい。悪例は無数に挙げられるが中西進さんの著作から学んだ例をふたつ出そう。たとえば「かが」という語幹を共有する一連の語群がある。「かがやく（輝く）」は「光を明滅させる」ことらしい。「かげ（影）」は陰陽問わず「光によって浮かびあがるものの姿」である。ならば「かがみ（鏡）」とは「かげ」を「みる」ための装置だろう。そしてまた日本人が人体を植物に擬えていたこともなかなか衝撃的である。魂という「なかみ」が入った状態の人体を意味する「み（身）」は「み（実）」からそして魂が抜けて「からっぽ」な人体を意味する「からだ（体）」は「から（殻）」に由来するらしい。「目」「鼻」「耳」「歯」はそれ

ぞれ「芽」「花」「実実」「葉」である。いずれの例も個別の漢字を適用されることで語と語の本来的な繋がりが断ち切られている。それは私たちをいわば記憶喪失のような状態にしてしまう。同様の分断はほとんどすべての大和言葉に起こっている。ひらがなだけを用いて単語と単語の間隔を空けるという方式にしていれば大きく違っただろうなあと思う。

西洋の言語たとえば英語の各単語に対応させるために造られた和製漢語にも似た問題がある。たとえば僕は最近いわゆるコンセプチュアル・アートに傾倒している。1960年代後半から70年代前半まで欧米を中心に展開した芸術の傾向である。提唱者であるアーティストのソル・ルウィットによればこの名称によって括られるところの作品群は物理的な形態や視覚的な構成ではなく「アイディアあるいはコンセプトが最も重要な側面となっている」類である。日本では当時からカタカナ表記と併せて「概念芸術」という呼称が用いられた。しかしこれは不適切な訳語だろう。そもそも明治期に「concept」という英語の名詞の対訳として「概念」という漢語を拵えたこと自体が問題である。なぜか。「conceive」という動詞がある。語源であるラテン語の動詞「concipio」が「con」（共に）と「capio」（掴み取る）の合体であることからも分かるとおり意味合いとしてはもろもろの断片をひとつに集めて取り込んだうえで自身の内に宿す——そしてそれをそこで育て上げる——ことである。ゆえに精神の営みとしては「着想・構想する」ことを肉体の営みとしては「受胎・妊娠する」ことを意味する。名詞形にはふたつある。ひとつは「conception」すなわち「着想・構想／受胎・妊娠」である。もうひとつが「concept」なのだがこれは着想から構想を経て個物化あるいは抽象化された対象のことである。それを「概念」と訳すのはあまりにも唐突だろう。「概念」という語から着想や構想という語との関係を連想することはできない。大和言葉の場合と同じくここでも語と語の本来的な繋がりが漢字によって断ち切られてしまうのである（ちなみに私案としての対訳は「想念」である。「コンセプト」とはあくまでも特定の主体の精神の内で結実するものなのだから）。

どちらの例においても「翻訳」——前者は広義で後者は狭義だが——によって本来的な繋がりが遮断されている。僕はいつもこの両方になるべく抗うようにしている。前者の問題に対してはときおり大和言葉だけで文章を綴ることで。後者の問題に対しては英文和訳に携わる際に各英単語の構造や語源にまで遡りつつ可能な限り「逐語」的な直訳を試みることで。僕にとって後者はとりわけ重要である。先に述べたように言語は世界を規定する。ならば翻訳とは世界を変革する営みである。いまや稀だが明治期においては欧文語による文章を翻訳するたびに新しい漢語を和製する必要があった。的確な造語も多かった一方で（理由は割愛するがそのなかで「情報」は最高傑作だと思う）先の例で見たとおり原語の語源やそこから派生する各品詞との関係性を無視した——いわば「逐語」性を放棄して「意味」という機能のみを考慮した——ものも少なくなかった。ならばいかに根強く定着していても翻訳者は翻訳という契機において特定の漢語の連綿とした使用を終わらせても一向に構わないのである。むしろそれこそが翻訳者の権利であり義務だろう。翻訳が断ち切った繋がりは翻訳で結び直さなければならない。

新規の漢語を投下することは世界を分岐させることだ。異なる漢語が定着している別の——より豊かな繋がりを保持した——世界線を仮想的に立ち上げてそれが現行の世界線と入れ替わるのを夢見ることだ。そうでなくとも翻訳とは本来的に世界の書き換えでありその意味で根本的に過激なのである。もちろん実際はいきなり刷新を企てても誰もついてこない。僕が携わる翻訳のほとんどは報酬を伴う仕事であり一般に公開されるものなので多くの人々に違和感なく伝わることも求められる。だから僕がやりたい放題にそれを試みているのはnote.com上の趣味の試訳のみである。それでも普段の仕事においても伝達性が成立するギリギリの線まで逐語性を徹底しようと試みている。翻訳者は異言語間の本源的な差異によって生じる軋みを安易な語彙による滑らかな表現で粉飾すべきではない。表層的な「意味」の伝達を目的とするのではなく逐語的かつ弁証法的な「解決」を求めてそ

の軋みと取っ組み合うべきだ。その結果どうしても「未解決」なまま刻まれてしまう裂け目を隠蔽しないことが肝要である。それに揺り動かされることで標的言語に潜在していた可能性が活性化される——変革が促される——のだから。機械翻訳あるいは初心者による「ぎこちない」直訳を読んでハッとすることはないだろうか。そこには言語の深淵が顔を覗かせている。そのような違和への寛容を養おう。「世界」をより靭やかに鍛え上げるために。

3.

ジュン・ヤン（杨俊）は1975年に中華人民共和国に生まれ幼少期に家族とともにオーストリアに移り住んだあと同地で育った。90年代からパフォーマンスやビデオによる多角的なプロジェクトを展開するアーティストとしてウィーンと横浜と台北を中心に活動している。僕がジュンに出会ったのは彼の映像作品《忘却と記憶についての短い物語》（2007）の日本語字幕のための翻訳を担当した2010年のことである。同作に限らず彼の仕事はどれも彼の人生をそのまま反映するように異言語や異文化の狭間で振動する「私」の不確定性を扱っている——そのことによって「翻訳」の問題に切り込んでいる——ように僕には思えた。僕は2009年から2012年にかけて東京芸術大学の博士課程に在籍していたのだが研究活動の一環として2011年の11月17日にジュンを大学に招待した。彼の実践にまつわるあれこれを学生に話してもらうために。講義のタイトルとして僕が「忘却と記憶についての短いレクチャー」という名称を身勝手にゴリ押ししたのは僕にとってそれが修了作品の制作現場を兼ねていたからである。結果として《ジュン・ヤン 忘却と記憶についての短いレクチャー》（2011）と名付けた映像が生まれた。現在まで僕が続けている一連の探求の出発点なので個人的にとても重要な作品である。それを駆動したのはとても単純な発想だった。当時の僕の語法で端的に言うなら：通訳者と霊媒師は原理的に見分けがつかない。ここまでの本稿の文脈で——私たちの魂は本来ひとつに繋がっているとい

う仮定において――換言するなら：翻訳には語と語との本来的な繋がりのみならず人と人との本来的な繋がりをも結び直す力がある。

繰り返しになって申し訳ないのだが私たちは「私」という人称の傘の下で語られる内容に信頼を寄せる。騙される危険があってもそこに賭ける。その基盤となるのはあらゆる言語に共通する次のような規則である：一人称単数はそれを発した本人を指示対象とする。しかし翻訳ではこの原則が守られない。翻訳は起点言語で構成された語句や文章を標的言語で構成された語句や文章に変換することで同じ内容を「反復」する試みである。たとえ一人称単数であっても例外なく反復の対象となる。つまりたとえば原著者が「I grew up in Austria」と記していたら翻訳者は自身が実際は生粋の日本育ちであっても「私はオーストリアで育ちました」と繰り返すほかない。和訳文を書き記すという行為の実際の主体は翻訳者なのだから本来ならその「私」が指し示すのは翻訳者自身の身体でなければならない。しかしそれが意味的に指し示すのは原著者の身体なのである。当然といえば当然だがこれは奇妙な事態だ。たしかに読者はこのような特例について知っている。しかしそのような知識に妨げられる前――「読んでいる」ことに留まっている間――に読者の「現実」において生起するのは翻訳者がオーストリアで育ったということが「事実」であるような代替的な「世界」である。そこでは翻訳者が原著者に成り代わってしまう。つまり肉体の個別性という壁を突破して別人同士が繋がるのだ。

この「成り代わり」が如実に顕在化するのは文字を記すことによる翻訳ではなく声を発することによる翻訳すなわち通訳においてである。翻訳書を読むとき私たちは通常の場合その訳文を書き記した者の姿を直に観測できないが会議や講義の場において通訳者はそこに物理的に現前しているのだから。とはいえそこにも障害は立ちはだかる。たしかに私たちは目の前に佇む人物が「私はオーストリアで育ちました」と日本語で発話するのを聞いた瞬間にその人物がオーストリアで育ったという事態をまずはそのまま逐語

的に「現実」として受け入れる。日本語を聞き取る能力がある限り無意識の作用として私たちの「世界」の内にそのような事態が自動的に「再構築」されるのだ（このような強制的な喚起性によってこそ言語は「世界」を規定する）。しかし次の刹那において私たちの意識はこの「現実」を却下し崩壊させる。その人物は通訳者としてそこにいるのだという知識を発話の内容に適用することで。「再構築」から「崩壊」までの時間——「聴いている」ことに留まっている時間——は本人すら気づかないほど短い一瞬である。「成り代わり」の瓦解を防ぐために私たちはこの瞬間をなるべく持続させなければならない。目の前にいる人物は通訳者として業務にあたっているのだという認識を——その「記憶」を——どうにかして「忘却」しつづけなければならない。

そのために僕が採用した戦略は映像という媒体に備わる特殊な力を借りることだった。映像は空間的にも時間的にも対象を「切り取る」ことができる。第一に映像は画角の外部に実在していた空間を「切り捨てる」ことで成立している。ジュンの講義がつづく間ずっと僕が——というか撮影者として僕が依頼した藤井光が——ビデオカメラで記録しつづけたのは英語で喋る原話者のジュン・ヤンではなくその隣に座って彼の言葉を日本語で反復する通訳者の小林禮子だった。ジュンの身体は講義が終わって「成り代わり」が解けるまでずっとフレームから除外されていた。第二に映像は編集において時間を「切り捨てる」ことができる。小林が実演したのはいわゆる同時通訳ではなく逐次通訳だった。つまりジュンはひたすら喋っていたのではなく一定量の言葉を紡いだところで発話を停める。つづいて小林がその内容を——殴り書きしたメモを参照しつつ短期記憶を再訪しながら——日本語に訳していく。だから編集においてジュンが喋っていた場面を切り取って捨て去ることは難しくなかった。そのうえで前後の画面を短絡的に直結させることでシークエンスを繋いでいった。こうして僕は撮影と編集における時空の切り取りによって「忘却」を延々と引き延ばすことに成功した。現場では小林の不確定な身分が隣に席をとったジュンの臨在と発話によって絶

え間なく「通訳者」へと収束させられていたが完成した映像には彼の姿も声も不在である。それが「再生」するのは「私の名前はジュン・ヤンです」と名乗ってから30分ほど淀みなく——無数のジャンプカットを乗り換えながら——「自作」について日本語で解説するひとりの女性の姿である。スクリーンに投影された「世界」において小林は絶え間なくジュンに成り代わりつづける。さらに本作において重要なのは構造的な自己言及性である。映像の形式と講義の内容という両面が互いに互いを映しながら鏡合わせのように展開する。というのも今回の講義はジュンにとって自身が手がけてきたさまざまな作品やその背後にある考え方の紹介を通じて他でもない翻訳による「私」の不確定化という問題を多角的に語り直す場だったのである。映像の形式それ自体が講義で語られる内容を「実演」すると同時に講義で語られる内容それ自体が映像の形式を「記述」する。僕が事前に設計した外枠とジュン＝小林が即興で発言した中味がほとんど奇跡のように絡み合うことで豊かな繋がりが次々と結ばれていった。

しかしながら翻訳者や通訳者が原著者や原話者に「成り代わる」ことは本当に先ほど示唆したとおり肉体の個別性を超えて人格が繋がること——本来的な魂の単一性に近づくこと——なのだろうか。残念ながら少し違うように思う。Aさんがクさんになることは人格が切り替わることでありAさんとBさんが内的に通じ合うこととは異なる。それでもジュンの講義を「記録」した作品を出発点とすることによってこそ後続の各プロジェクトにおいて僕の仕事は広義の「翻訳」を通じて人と人を混合あるいは合体させる方向に少しずつ展開していった。そこで僕が主に活用した方法論は僕自身の作品や人生と他のアーティストの作品や人生との共通点を「類似」ではなく「同一」と捉える——いわばそれらの点を「世界」と「世界」を直結させるワームホールとして利用する——ことで相互に浸透させることだった。なかでも僕にとって印象深いのは打ち捨てられた建物に切開や穿孔を施す大規模なプロジェクトで知られるゴードン・マッタ＝クラークと僕自身を混ぜ合わせた文字通り「半自伝」的な2017年の映像作品《帰ってきたゴードン・

マッタ＝クラーク》である。同作ではゴードンが亡くなった1978年に僕が生まれたことや彼も僕もそれぞれに兄を飛び降りで亡くしていることから僕自身を彼の生まれ変わりと仮定した。そのうえで僕はゴードンが死の前年である1977年にアントワープで実現させた大規模な作品《オフィス・バロック》がその後いかに「転生」あるいは「延命」したのかについて話を聴くために当時の担当キュレーターであるフロア・ベックスと同地で40年ぶりに「再会」を果たした。フロアとの対話において僕が発する一人称単数「私」はそのつどゴードンを指したり僕自身を指したりしながら揺れ動く。フロアが発する二人称単数「あなた」も同様である。そしてゴードンの作品や兄についての話が僕の作品や兄の話にいつのまにか横滑りしていく。

同作が完成して少し経ったころ友人の80回目の誕生日を祝うパーティーがアントワープで開かれたのだがそこで彫刻家のヘンク・フィシュと遭遇した。彼が手がける彫刻には昔から惹かれていたが本人と会うのは初めてだった。話の流れで僕の作品について伝えると彼は吸い込まれるような透き通った目をこちらに向けて次のようなことを言った。美術史はアーティストたちが作り上げてきた。最近はキュレーターが作り上げるものだと思われがちだけど。そしてアーティストたちは作品を作ることを通じて経験を共有しつつ時代や場所を超えて連綿と繋がっている。君の作品はこのこと自体を扱っているんだろう？　ほとんど馬鹿みたいな見え透いた繋がりを契機にすることで。僕は震撼した。一瞬で作品の真髄を見抜かれたと同時に僕という人間について理解されたように感じたから。実際それから現在までさまざまな作品に取り組むなかで僕はたとえ明確な共通点がなくても作り手であるというだけで——あるいは誰もが何かを作り出しながら生きているのだから実質的には人間であるというだけで——誰かの人生に僕自身の人生を挿し入れられると確信するようになった。もはや誰とでも混ざり合える。さしあたり言語の力を通じた広義の「翻訳」以外にはそのための方法を僕はまだ知らないけれども。

0.

この文章は本誌の編集者である米山菜津子さんから執筆の依頼を受けたときに企画書に記されていた「聴いている瞬間に留まる」という語句を僕なりに解釈することで綴られたものである。もちろん僕の解釈が彼女の意図に沿っているのかといえば心許ない。でもジュン＝小林が語っていたとおり「私」と「私」との相互理解に「正解」など存在しない。私たちがそれぞれに異なる「世界」に生きている以上すべては原理的に「誤解」であり「誤訳」なのだ。そこからどれだけ豊かな「世界」が生起するか。それだけが問題である。私たちは個々に閉じた「世界」を生きている。でもだからこそ客観的な事実とは大きく異なる事態を——個々の「世界」が閉じておらず開いているという事態すらも——主観的な「現実」として経験することがある。言語の力の誤作動による束の間の迫真にすぎなかったとしても。なかなかどうして肉体的な存在者でありつづけることも捨てたものではないのである。

奥村雄樹 Yuki Okumura アーティスト・翻訳者／1978年青森県生まれ。ブリュッセルとマーストリヒトを拠点に活動。2020年に新型コロナウィルスの蔓延にともなって中止となった発表に「Brussels Art Film Festival 2020」ISELP（ブリュッセル）、「Welcome Back, Gordon Matta- Clark」Collection Lambert（アヴィニヨン）、「The Man Who」KASKcinema（ゲント）などがある。

オルタナティブ写真（家）論

河野幸人

石川県金沢市高岡町、かつて金沢城の外堀として利用されていた鞍月用水が流れるエリアの文字通り裏路地に、IACK（Institute of the Arts and Communication、通称アイアック）はひっそりと佇んでいる。IACK は写真家である筆者のアトリエとして、アートブックに特化した書店として、ギャラリーとして、そして海外の独立系出版社や個人出版のディストリビューターとして機能する小さなスペースだ。自身が写真家であることから、取り扱う中心ジャンルは写真であるが、いわゆる写真集専門店やアートブックショップとは異なる幅広い領域の作品がセレクトされている。

このような複合的でインディペンデントな施設は、一般的にオルタナティブ・スペース、あるいは作家が運営していることからアーティスト・ラン・スペースと呼ばれることが多い。だが正直なところ、このスペースをどのように呼ぶべきか、3年がたった今でもはっきりとした答えを見つけられずにいる。運営を続ける中でぼくの気持ちが書店として、あるいはギャラリー側に傾いたこともあるが、それでもどこか「書店」や「ギャラリー」と一概にカテゴライズすることへの違和感を拭いきれなかった。

では、一体何がそのような抽象的なあり方をもたらしているのか。結論から言うと、それはIACKというスペースが写真家であるぼくの活動と常に密接に結びついており、ギャラリーとも書店とも、そしてオルタナティブ・スペースとも異なる、独自の社会性と私的さのバランスの上に成り立っているからではないかと思う。以下では現代写真と写真集を取り巻く状況と、ぼくがいかに作家活動の一環としてIACKを設立し、写真家として活動しているかということを紐解いていきたい。

まずはIACKの中心的要素である写真集が、どのような経緯で写真家・河野幸人の活動と結びついたかを説明しよう。文学部に所属しながら音楽に傾倒しており、写真もアートも志したことがなかった当時大学生のぼくは、その豊かなカルチャーへの漠然とした憧れから、2011年にロンドンへの語学留学を行った。そして語学学校に通いながら自身の趣味に没頭する日々を過ごす中で様々な偶然が重なり、ある独立系出版社のポップアップ・イベントを訪ねることとなる。そこで初めて、現地の写真家や個人で出版を行う人物たちと出会った。

その出会いをきっかけに一気に写真の世界にのめり込んでいくのだが、中でもぼくは写真集という表現形態に強く惹きつけられた。無論、ロンドンには数多くの優れた美術館やギャラリーが存在するし、写真展も大小様々な規模のものが連日のように開催されている。何故写真集だったのかということに関しては、「そういう時代だったから」としか言いようがない。もし数年早く、あるいは遅くロンドンに渡っていたら写真をやっていたかすら定かではない。

当時はパリやロンドンを中心に、写真集の個人出版や自費出版が一種のムーブメントとなっていた。それまで出版といえば、大きな会社で行われる仕事というステレオタイプしか持ち合わせていなかったぼくにとって、同世代の若者の口から出版という言葉が出てくるのは、大きな驚きだった。彼らの大半は写真家やデザイナーであり、その傍らで出版業を行っていた。既成概念にとらわれない自由な気質と熱気が本屋の内側だけにとどまっているはずもなく、空き物件からクラブとして使われるパブのフロアまで、ありとあらゆる場所で写真や写真集に関する様々なイベントが開催されていた。

彼らは自費出版や個人出版というスタイルをスタンダード化させただけで

なく、その後の写真表現と市場を大きく変化させたと言っても過言ではない。今でこそ「作品としての作品集」という考え方は多少なりとも浸透しているが、依然として多くの場合はいかに美しい印刷とデザインを掛け合わせ、上質な本を作るかということが目指される傾向にある。しかし、全ての作品を同じ型に落とし込むことが必ずしも最善策とはいえない。ページネーションから紙の選択、印刷方法、サイズ、そしてグラフィックデザインまで、写真以外の芸術がそうであるように、いかに題材に適した素材を用いて制作を行うかが最も重要なのである。

当時目にしたのはまさにそのような、本というフォーマットの性質を活かしながら時には文学的に、あるいは実験的に、展示と同等の表現形態のひとつとしての作品集のあり方を模索する試みだったように思う。彼らは作品集を実際の作品であるかのように制作し、そして扱っていた（しかし美術館やギャラリーの壁にかけられた作品のような仰々しい扱い方ではなく）。彼らとの出会いはぼくにとって、写真と本というフォーマットが結びついた瞬間であり、そして作家活動と結びついた出版やイベントの運営という、オルタナティブな活動形態の発見でもあった。

さらに踏み込んでその盛り上がりを検証する上で、2010年前後から各国で毎年開催されてきたアートブックフェアの存在を無視することはできない。アートブックフェアとは、作品集制作を行う個人や出版社が一堂に会し、テーブル上に並べた自身の出版物の対面販売を行うイベントのことである。どこか祭りのような印象が強いかもしれないが、2010年ごろからほぼ全てのアートブックフェアでは開催に合わせて様々なアワードが設立されており、そこで学芸員やギャラリスト、著名なアーティストが言及した無名の作家が突如注目を集め、キャリアをスタートさせるということが幾度とな

く起こった。アートブックフェアは単なる即売会ではなく、作家たちにとっての重要なプレゼンテーションの場でもあるのだ。当初は裏庭や学校の一部で行われていた小さな集まりも、回数を重ねるごとに巨大化し、あっという間に多くの人が集まる大型イベントにまで成長した。

ぼくも当初は友人のブースの手伝いとして参加していたが、ある時点から日本で活動する写真家たちに声をかけ、彼らが制作した作品集や自分の作品集をスーツケースに詰め込み、アートブックフェアの巡業を開始した。もちろん、前述したようにアートブックフェアは作家活動における重要な舞台だが、言語も文化も違う国に作品集を携え単身乗り込み、テーブル上に並べた作品集を介して交流することは大変刺激的であった。単にビジネスとしてではなく、そのような楽しみや活動の実感が、多くの個人出版社や作家たちが一年に何度もアートブックフェアに参加して回る根本的なモチベーションなのだろう。テーブルを構えて対話を行うスタイルとその体験は、そのまま現在のIACKに受け継がれている。

このような背景と経験を経て、2017年にIACKは設立された。当初から掲げている「開かれた書斎」というコンセプトは、自身が本に深く携わる写真家であり、そのフォーマットが活動におけるインプット/アウトプット双方において重要な役割を果たしていることを示している。また、書斎と言っても決してぼくのコレクションルームではなく、どちらかといえば研究室のような意味合いが強いということは強調しておきたい。

さて、先ほど作品としての作品集ということについて説明したが、その際作品集の持つもうひとつの重要な要素である、「移動すること」については言及しなかった。移動するとはどういうことか。展覧会では作品が会場に

固定されてどっしりと構えているのに対し、作品集は特定の場所や公開期間を持っておらず、文字通りそれ自体が自由に移動することができる。その性質を踏まえて、ぼくは作品集を「移動する作品」と呼んでいる。

この性質は一体何をもたらすのか。まずは鑑賞者の視点で捉えてみよう。現実的に考えて、国内外問わず見たいと思った展示全てを見にいくことはなかなか難しい。だが作品として制作された作品集であれば、場所を問わずにいつでも鑑賞することができる。場所と時間にとらわれない自由さに加え、本棚に収納可能なこともまた、作品管理の面における優れた点だと言えよう。

制作者にとっては、作品として作った作品集は全国、あるいは世界中の書店というハブを経由して、様々な人たちに届けることができる。ウェブサイトやSNS上でも自身の作品を発表することは確かに可能だ。しかし、ほとんどの場合それはプロモーションの範疇にとどまり、また表現の幅という点に関しても、既存のページやフォーマットの範疇での表現に限定されてしまう。一方で、熟考を繰り返して制作された「結晶」ともいえる作品集は、もはや読むというよりも鑑賞と呼べるレベルで、より自由に作品世界を表現することができ、尚且つ実体をともなった作品として、鑑賞者のもとに直接届けることができるのである。

どのようにインプットを増やし、いかに発展性のある方法でアウトプットを行うかということは、ロンドンから帰国し、金沢という土地に拠点を置いて活動をする上で最も大きな課題のひとつとなった。北陸新幹線の開通にともない、今でこそ金沢から東京へのアクセスは容易になったが、それでも日常的に芸術に触れられる機会は決して多くはない。アウトプットに関し

ても同じで、スペースや鑑賞者数が少ない中で、予算をかけて闇雲に展示を繰り返してもあまり発展性がないように感じられた。だが、作品集というインプット／アウトプットを兼ね備えたメディアで環境を整え、そして同じようにインプット／アウトプットを実行する拠点があれば、従来の写真家とは異なるオルタナティブな活動が可能になるのではないか。理想的な環境を作り上げるための探求と実践の絶え間ないサイクルが、IACKを形作っているのである。

加えて、作品集の往来をさらに活性化させることで、金沢だけでなく国内全体により良い環境を作ることを目指し、IACKは2018年にディストリビューション業務を開始した。ディストリビューションとは国内代理店業のことであり、IACKでは海外の独立系出版社や自費出版作品の国内流通を担っている。もともと扱っていた作品集の大半が国内ではIACKしか扱っていないような状況だったが、そのように作品が十分に移動していない状態では、せっかくの作品集の特性を最大限に活かすことができていないと感じていた。写真や写真集に限らず、日常的に作品に触れることができる環境があって始めて、さらに踏み込んだ表現や議論が可能になるとぼくは今でも強く思っている。

このようにIACKは作家として、そして鑑賞者としてより良い環境を作りたいという個人的な動機からスタートしているため、ぼくという存在と常に密接に結びついている。だが個人的な動機から設立されたとはいえ、今では写真家としてのぼくのことを知らずに、いち書店やギャラリーとして訪ねてくるお客さんが大多数を占めるのが現状である。ぼくとしても自身の存在や活動を全面に出したいわけではなく、スペースとして自立しながら、その根底に極めて個人的な要素が流れている今のバランスが理想的だと感じ

ている。それがIACKというスペースの個性と、写真家としてのオルタナティブなあり方をもたらしているのだろう。

IACKでは「Research - Progress - Practice」というタイトルの展示を不定期で開催しているが、その「探求、進捗、実践」というタイトルは作家としてのぼくと、IACKというスペースの活動の基本サイクルを表している。もはや写真というジャンルはそれ単体としてよりも、あらゆるジャンルにまたがって存在する「領域」としてより広く捉えるのが妥当なのではないだろうか。そのような時代においては正当な活動方法などなく、現に近年ではこれまで見られなかった活動形態が少しずつ増え始めている。

新型コロナウイルスの世界的流行もあり、あらゆることが急激なスピードで変化し、IACKが取引を行う作家や出版社も少なからず影響を受けている。各地でアートブックフェアなどの催しも中止に追い込まれ、新しい形でのイベント開催が模索されていることを考えると、今後の10年はそれ以前の10年とは違う形で物事が進んでいくことも予測される。行き着く先でIACKがどのような形態になるのか、今は想像もつかない。しかし個人的かつ社会的なあり方はこの先も変わらないだろうし、写真家として、今後もオルタナティブな方法で探究を続けていくつもりである。

河野幸人　Yukihito Kono　写真家。1989年石川県金沢市生まれ。2011年に渡英、London College of Communicationにて写真を学ぶ。作品集というメディアを軸に多岐に渡り活動し、2017年には金沢市にIACKをオープン。国内外作家の作品や作品集の展示、販売、ディストリビューションを行う。www.yukihitokono.com

ENKEL

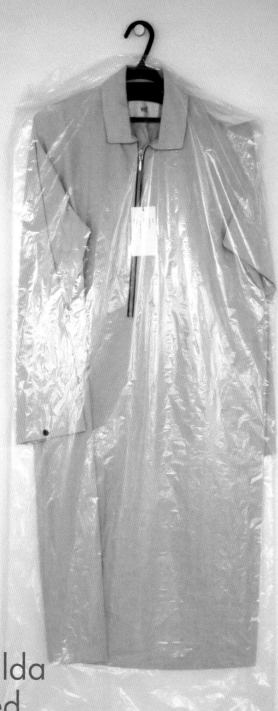

Esmeralda
Serviced
Department

（∗）IDEA Books Ltd.　写真家アンジェラ・ヒル（Angela Hill）がマスタートした、ロンドンを拠点とする古書店／出版社。彼女自身の本棚にある書籍をみた Colette のサラ・アンデルマン（Sarah Andelman）の提案で古書をセレクトし即販売をスタートさせた。現在はアポイントメントオンリーの実店舗と Dover Street Market 内にスペースを持ち、ヴィンテージ書籍の販売から世界中のアーティストやデザイナーとコラボレーションした写真集の出版、オリジナルプロダクトの制作まで幅広く手掛ける。映像、サウンドアーティストのデイヴィッド・オーウェン（Daivd Owen）と共同で運営している。https://www.ideanow.online/

何年か前に仕事でロンドンに行った時、思ったよりスムーズに案件が終わり、持て余した時間と旅先の勢いで IDEA Books (*) の事務所兼書庫に数人で押しかけてしまったことがある。約束もなしの訪問を笑顔で迎えてくれたのは創立者のひとり、アンジェラ・ヒル。彼女はその時、腕を怪我して肩から吊っていて、振り返ってみると本をつくり写真を撮る人の腕が不自由というのは本当に大変で煩わしいことだったのではと想像するが、めくるめく書庫の中でそのことは当時の自分には何か素敵な魔法のひとつに見えた。自身で編集した本や好きな本を片手であれこれ紹介してくれるアンジェラさんを見ながら、この人のようになりたいという女性を見つけた、と思った。その後、日本でも IDEA の活動が色々なところで紹介されはじめ、創設者としての彼女のエピソードなども日本語でいくつか読むことができるようになった。

ところで私の手元には A4 サイズくらいの薄い冊子がある。少女の顔写真の上にシンプルな書体で "VERY" とだけ記されている、素っ気ないけれど何かを語りかけてくるような表紙。これは、自分が洋雑誌というものに興味が出はじめた1998年頃に書店で出会ってその佇まいに惹かれ買い、その後、内容もよくわからないままずっと持っているものだ。雑誌といっていいのか ZINE と呼ぶべきものなのか、存在を知っている人も周りに見あたらず、それでも定期的な本棚の整理のたびにこの表紙の少女と目があい、なぜだか手放せなかった。中のページにも少女を被写体にしたフォトストーリーがあり、そのプライベートな優しさが頭の片隅にずっと残った。自分が自信をなくし迷う時に指針のようになっ

てくれたこともある。余計なことはしなくていい、真っ直ぐにいて、とこの本が自分に向かって語りかけてくれている、と思う時さえあった。思い立って Google で検索しても、"VERY" も "アンジェラ・ヒル" もヒットしなかった（まったく関係ない情報が延々と羅列された）。

去年、Instagram のフィードで偶然その少女の写真に出くわした。写真をポストしたアカウント名はアンジェラ・ヒル。20年前に買ったその雑誌を本棚からひっぱり出して確認した写真クレジットも、アンジェラ・ヒル。ずっと紙面で見て記憶にこびりついていた写真が突然スマートフォンの画面に現れるのは妙に興奮することだった。少女たちの写真は何枚もアップされていて、それは撮り続けられている、とわかる。時々、ヨーロッパの雑誌で彼女の写真が発表されていることも。

ところが、そのアンジェラ・ヒルがあのロンドンの IDEA Books のアンジェラ・ヒルと同一人物だということに私はしばらく気がつかなかった。友人がそれを指摘してくれるまで。

が、それを知るやいなや、アンジェラさんがどういう人なのかを知りたいという気持ちに取り憑かれた。ひとりでは動き出せなかったが、幸い協力してくれる人が見つかった（彼はアンジェラさんに一度挨拶したことがあり、私よりも遥かに彼女について詳しく、でも VERY のことについてはやはり知らなかった）。彼に間に入ってもらうかたちでメールインタビューを受けてもらえることになり、私は緊張と嬉しさでしばらく寝付きが悪くなった。

─── 写真を撮り始めたのはいつですか？　写真家としてのキャリアはどんなものでしたか。

Angela Hill（以下同）：1980年代後半頃からですね、正確な年は思い出せません。写真家としては浮き沈みがあります。どんなにクリエイティヴなフリーランスの生活でも、ある時点でほぼ必ず経済的にも精神的にも苦労しますよね。たくさんのお金が一気に入ってくると思えば、しばらくゼロが続いたり。それをなんとかするのは本当に難しいことです。更に私は、自分自身を自分と同年代の他の写真家と比べるという状態に陥ってしまっていました。それは決して良いことではないのです。

─── フリーランスの困難について、とても同感します。では、IDEAを創設し、それが成長したことはあなたの人生にとって安定感や安心感をもたらしたのでしょうか。

はい、そうですね。あらゆる面で。IDEAは他の人も経営に関わっているので、私の創造性に全てがかかっているわけではないのです。私の写真は、人に見せたり、評価されたり、質問されたりするにはあまりに生々しくパーソナルで、曝け出しすぎていて、恐ろしいものです。会社はまさしくそういうもの……私は会社と共に活動することで、そういった構造からいくらかは隠れることができます。

─── 写真に写っている少女たちは誰だったのでしょうか？　なぜ彼女たちを撮るのですか？

写真に写っている少女たちは、私が道で見かけて声をかけた子たちでした。私は彼女たちに対して母親のような気持ちや守ってあげたいという感情を抱いていたので、とても親密な関係を築くことができました。ほとんどは非常に幼い女の子でした。撮影する子たちの決め手は、美しい、魅力的だって思ったから。それか、ただ私好みの「cool」さを持っていたからですね。

─── 彼女たちの「cool」さについて、もう少し教えてください。

なぜ彼女たちの写真を撮りたいのかに関していえば、控えめで謎に包まれた雰囲気を持つ少女に私は惹かれがちなのです。彼女たちは

あまり自信を持っておらず、……まあ、それは思春期においては自然なことなのですが。その「cool」な要素が何なのか説明ができないです。私はただ誰かのふるまい方についての何かを見ているのです。

——— 少女以外の写真は撮らないのでしょうか？

何人か男の子も撮ったけど、女の子のような雰囲気を持つ男の子たちでした。今は、花や木を撮ったり、車の窓からのなにげない映像を撮影するのも好きです。LA からサンフランシスコまでドライブした時にはショートフィルムも撮影しました。それは Big Sur 周辺の海だけなのですが、とても気に入っています。

——— VERY という雑誌について教えてください。どういう関係の中でつくられた、どういう雑誌だったのでしょうか。

VERY Magazine は、Uscha Pohl と共同で出版していました。その雑誌はまさにアート・ファッションそのものでした。始めた時、どんな感じだったか覚えています。Uscha は NY にいて、私はロンドンにいたので、連絡手段はファックスだったんです！ あらゆることを計画するのは楽しかった。8号まで携わったと思います。

——— では、VERY Magazine はあなたが最初に携わった出版物、今の活動に続く最初の第一歩ということになりますか？

いいえ、初めて携わったのは、i-D でした。約一年の間、毎号携わっていました。フェスティバルやクラブを駆け回って写真を撮っていました。その後、i-D のためにスタイリングをして、ファッション撮影もしていました。

——— IDEA として出版や書店を始めたあと、写真を撮ることは中断していたのでしょうか。

いいえ、ずっと撮っていました。

——— インスタグラム（@angelahill22）を始めたきっかけは？

自分の作品を私が見てもらいたいように見せたかったからです。

────── 確かに、そういうことが可能な場というのは意外と少ない
のかもしれません。本はそういうことができるひとつの場であると
思いますが、ご自身の写真集を出すことにご興味はないのでしょう
か？ そういうプロジェクトが過去の計画や未来の予定としてあっ
たりしますか？

1997年頃に1冊の本を出しました。それはまさにZINEで、私が海
岸で車の窓から小さい子や10代の子たちを撮影したところから、
「SUMMER UK」というタイトルをつけました。私は自分自身の写
真集を完成させるのには完璧主義者すぎますし、まず、そもそも誰
がそれを買うのでしょうか。誰も私のことを写真家として知ってる
人はいないのに……。

でも、別のZINEかタブロイドならつくることもできるかもしれませ
ん。2009年に「VISUALDATA」という満足のいくタブロイドを
つくりました。だけれど、それは自分の写真ではなく、本や雑誌か
ら好きな広告やファッションイメージを切り取ったものでした。

────── あなたは何に喜び、何に苦しむのでしょうか？

私にとっての幸せは、自分で設定したゴールを達成することからや
ってきます。娘たちが大人になっていく過程、思春期に経験しなけ
ればいけない困難に対して、それを乗り越えるのを見たり。他には、
散歩、木や花、公園、庭園、鳥たち……。私は公園にいるときが一番
幸せです。

────── 最近、ご自身のお二人の娘さんの写真を撮られていること
が多いですね。彼女たちのニックネームについて、由来はいったい
何なのでしょう？ もしエピソードがあれば教えてください。

@nectarinegirlと@peas111は彼女たち自身が選んだInstagram
用のアカウント名で、ニックネームとは関係がないのです。
Nectarine（ネクタリン＝桃）は、一人めの娘を妊娠している時の
私のお腹の形から来ています。大きくなった時にそのことを伝えた
ら、彼女が自分自身をネクタリンガールと呼ぶようになりました。

────── 何を叶え、何を諦めてきましたか？

叶えてきたことですか？　そうですね、おそらく私の会社 IDEA でしょうね。小さな始まりからこんな風になっていることをとても誇りに思っています。諦めてきたものは、自分にとって良くないもの、昔はとても頼っていた、例えば、ある特定の考え方だとか、アルコール！　だとかですね。また、目的を見出せないものや非建設的なもののような、あらゆる形のネガティヴさに対していつでも立ち向かっています。

やりとりの中で、97年に作った ZINE を見せてはもらえないものかと尋ねたら、彼女は「私の昔のことに興味があるようですが、退屈ではないですか？　私は最近撮った写真の方が好きです。でも、いいでしょう。探してみます」と言って画像を送ってくれた。

今の彼女の活動を調べようとすればそれなりの情報を得ることができるが、初期の彼女のことはほとんどわからない。あの頃、インターネットは身近な場所にはまだ存在していなかった。はるばる山を越え海を越え知らない場所から届く紙の束に染み込んだ文字や図像だけが、自分のいない場所の様子を知る術だった（映像も存在したが制作と配布のコストが桁違いだった）。それを手にすることは具体的な情報を得ることでもあったし、そこに漂う雰囲気のようなものをただ感じるということでもあった。

今、私の MacBook の画面には彼女が送ってくれた97年の ZINE のスキャン画像と、最近撮ったばかりという写真の jpg 画像が並んでいる。私は初期の彼女の写真と今の彼女の活動に通底するものを感じていて、それが長い間続けられていることにとても励まされる。そう彼女に伝えてもらったが、それを聞いて彼女がどう感じたかはわからない。前を向いている人に過去を訊くのは失礼だったのかもしれない。が、この一連のやりとりを紙の束に染み込ませて、知らない遠くの人がたまたまそれを読んだりしてどう感じるのか、もしくは何も感じないのか、よいことなのか、もしくはどうでもいいことなのかどうか、私は何度も想像する。そして結局は、それをやらずにはいられない。

Work from the first zine *'Summer UK'*

WELCOME

Latest snap of herself at IDEA office

(left) Trousers
(right) Trousers
Rifat Ozbek
Comme des Garçons
Comme des Garçons

Pages from the first issue of *'VERY MAGAZINE'*

むずむず かさかさ もぞもぞ ごぼごぼ ちちち むぐむぐ ぼこ

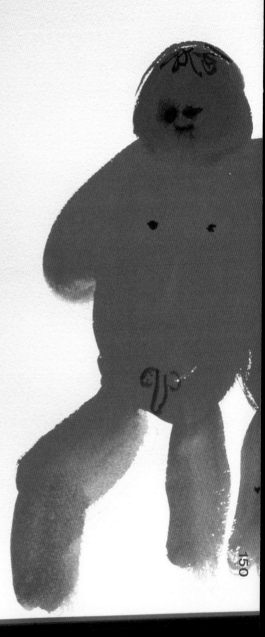

drawing Yoshie Nakano　photograpy Naoya Matsumoto

What are you listening to ?

photograpy Takuroh Toyama   styling Kentaro Higaki (tsujimanagement)
hair and make up Chika Kimura (tsujimanagement)

わからない

わからない

わからない

わか、ない

わからな

わからない

わからない

わからない

わからない

「あ！」ちいさな草！動いてる、なんでかなあ、わからないけれど、パッパッって過ぎないうちに、忘れちゃうから、我にかえったらもう終わりじゃん、わからないステッカーが大きいわからないと小さいわからないがある理由は、わからないがわからないってわかったからわからないステッカーを逆行しながら池袋の裏に貼った、時間が止まり、いつかわからない、雲、秋になり、涼しくなってきました、あまり色がなかったな、何故だろう、少し不安がある、友達と歩いていた、もどったりして、途中になってちょうどいい、みんな遠くをみていた、誰と歩くかで全然違って見えたりするんだけど、みんな遠くを見ていたので、幽霊のようだった、私的には、大喜利的なところがあるから、ほんじゃまあ　一寸邪魔して言ってみる　わからない1.5

ってヤツを teneって浮浪　赤い景色　そりゃーニュータンタンの所為じゃないってねっ　俺にすりゃ常に逆行　青いシャツ着て　遡る逆境ってかこれいつの今日？　ノーラン　しらんのかしらん　オイラの teacher "F" 先生　長編育ちの超変な感覚ソレ等間隔　言わば little distance like a 寂しさ　心ん中　ブロディばりの real なファーしか着ねえ　半裸にコートってマジ基本系　今に得る次の次元　煙草も折れたし一旦帰ろ　くたばっちまう前に　貼って　貼って　吸って　貼って　貼って　貼って　スッと　吐いて「わからない」が見つからないなら　テメェで貼って我がふり直せよ our color 探せ粒子　覗け意識　見る前に跳べよ like a カイン竜騎士　俺2ターン居ないから　向かってきてよ　また teneったら逢おう東口でな

佐内伊賀

佐内正史　伊賀大介 「ネ

わからない

ない1.5」　協力：skool

なにがみてるゆめ　　　　小山田孝司　　project for Dog Years

木村先生　写真 村松正博

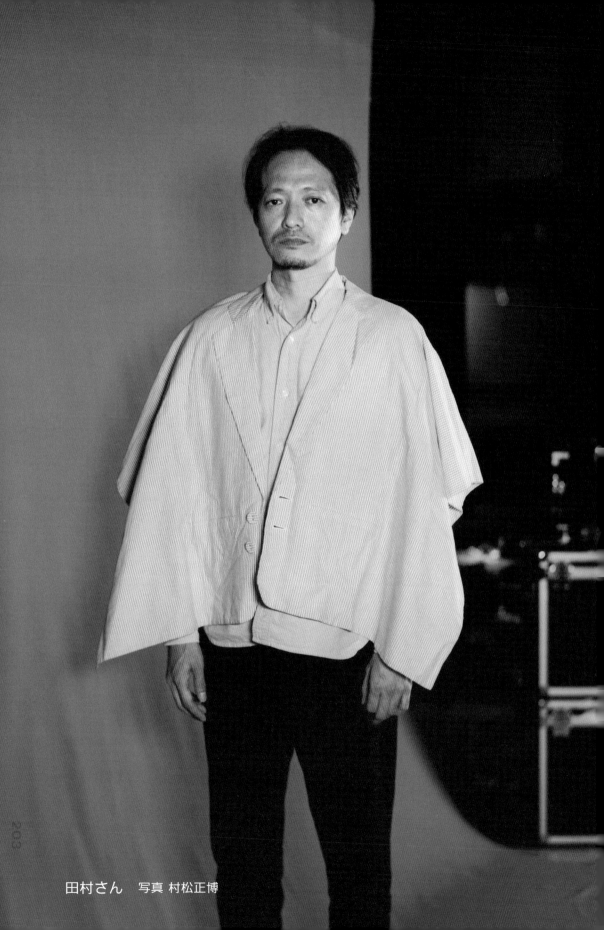

田村さん　写真 村松正博

和田さん　写真 岡崎果歩

周人　写真 村松正博

杉田兄弟　写真 松田瑞季

みほちゃん　写真 村松正博

短、亀島さん　写真 小濱晴美

思い出は匂いだという。私が彼の一張羅としてこのクローゼットにやってきてもうずいぶん経った。今では私にも彼の匂いが染みついていて、それはそのまま、ここに来てからの年月を写しているようだった。クローゼットの扉が開くと、彼の匂いに混ざってそれ以外の世界の匂いが入ってくる。さっき帰ってきたダウンには絶対に彼ではない人間の匂いがこびりついていて、私に移してくれるなよと慌てて身を引く。私には、彼が全てなのだ。彼以外の匂いなんて欲しくない。このダウンはどうしてそんなホクホク顔で、煙の匂いを纏えるんだろう。私なら嫌だ。ダウンを睨みつけると、袖を揺らしながらそいつは言った。
「僕は臭いし、袖もほつれたけど、それが大切なんだ」
何を言っているんだろう。意味を問いただそうとしたけれど、ダウンはすやすや眠ってしまった。

　大切っていうのは、守ってもらえることだと思っていて、それでいうと私ほど守られている存在はない。だって、私は彼の一張羅なのだ。特別な時に寄り添う存在だから、酷使されることもない。毎日私はクローゼットの番を張っていて、それは誇りでもあった。でも、あのダウンの奴の言う「大切」は、そういうことではないらしい。あいつの大切ってなんだろう。袖を見つめると、しっかりとほつれがあった。そしてとにかく外くさい。見つめるうちに時間が見える。こいつと彼の過ごした時間がそのまま刻まれている。あぁそうか、だから大切だというのだ。彼と過ごした匂いを纏ったダウンには、思い出がいっぱいに刻まれていて、それは私にない重たさだった。ずるい。私も重くなりたい。

　次の日、私はいつも以上に気合を入れて扉が開くのを待った。彼はその私の気配に気づいてくれたようで、少し驚きながらも私を手に取る。さぁ、どこに連れて行ってくれるのですか？ どんな思い出をくれるのですか？ 久しぶりに着てもらえると思ったのに、大きな黒いバッグに仕舞われてしまった。到着したのは彼の友達の家で、私は友達に手渡される。これから何が起きるのだろう。久しぶりに私の中に人間が入ってきて、体温を感じる。でも、彼の体温ではない。ちょっとがっかりしてしまった。やっと彼に着てもらえると思ったのに。私もあのダウンみたいに重たくなれると思ったのに。視界が開けると、そこには笑みを浮かべる彼がいた。嬉しそうに私を見つめる彼をこんな風に正面から見るのは初めてで、なんて特別なんだろう。私の大好きな彼を見る特等席は、彼の友達の身体だったのだ。なんて素敵な思い出をくれるのだろう。家に帰ったら、あのダウンに教えてやらないといけない。彼に着てもらうのもいいけど、大切ってそれだけじゃないのよ。

文＝長井短

中本さん　写真　岡崎果歩

伊賀さん　写真 阪本勇

まぴさん　写真 佐藤麻優子

サワノ氏、まーさん、ころもん　写真 岡崎果歩

ナカムラさん　写真 松田瑞季

人の話を聴かない男

梶雄太

1

男の時計選びほど難しいものはない。

40を越えた安藤には、そろそろそれなりの時計というものが必要な気がしていた。若い時、といっても学生時代は必要最低限の時計さえ付けていればよかった。幸いその時代はGショックというものがデビューしたこともあり、なんとなくGショックを付けているだけでバシッと決まっている気分にもなれた。社会人になる頃には携帯電話を持つことが当たり前となってきたので、時計をわざわざ腕にする必要もなくなっていたし、話題にでることもほとんどなかったと記憶している。よって時計というものとしっかり向き合うこともせずに今に至るという訳である。と同時にさして時間を気にせずとも困ることなくやってきたここまでの人生に少し満足もしていた。

「父の影響で古着や時計に興味があります。」そんなことをさらっと言いながら育った環境であれば、今頃はどんな時計をしていただろうか。「若いときに良いものを無理してでも買ったほうが良いぞ」と言ってくれる先輩でもいてくれれば、その時の時計はいまや自分流のヴィンテージ時計にでもなっていただろうに。

作家の吉行淳之介はよく「ノンシャラン」と称される。本人もそのことに言及することがしばしばあったようだ。ノンシャラン、まったく気にかけていないふうのこと。選びに選びぬいた一品が、さも昔から持っていたかのようにあたかも自然に身につけている装い。安藤はそう解釈していた。そして自分自身もそうでありたいと。

一時期は会う友人ごとに自分にしっくりくる時計について聞くのが日課だったこともある。子供の受験がうまくいった男性ヘアメイクは「パネライが良いですね。安藤さんのそのがっちりした体格には、フェイスが大きいほうが男らしくて良さそうです。」
最近恋をしているという女性編集者は「男性が繊細で華奢な時計を付けているのが好きです。安藤さんのように男らしい見た目の人だとギャップがなおさらです。」と。

もちろん他人の付けている時計が気になって仕方がないこともあった。
とある有名写真家と打ち合わせする機会があった。安藤にとって写真家という方々は、そこまでファッションが前にくることもなく、毎日の生活のなかで困らないほどの機能と快適さを持ち合わせた格好を自分のスタイルとして完結させている所が魅力的だと感じていた。
打ち合わせ当日の写真家は茶色のコーデュロイジャケットを羽織っていたせいもあり、なかなか時計の姿が見えずにいた。素直にどのような時計をしているのか聞いてみることができるのであれば、どれだけ聞いてみたかったであろうことか。最後にグッと聞きたい気持ちを抑えてしまうことは安藤の良さであり悪さであった。いや、もしかして聞く必要がなかったのかもしれないな、そうして自分を納得させることにも少しずつ飽きてきた。

ジェリーロペス、ジャックマイヨールに星野道夫。マチューアマルリック、クリントイーストウッドに北野武。井上陽水、桑田佳祐。
その夜時計のリサーチは終わることがなかった。
アーノルドシュワルツェネッガーの時計画像がでてきた頃、外はもうかすかに明るくなっていた。

2

男の車選びほど難しいものはない。

40を越えた安藤にはそれなりの車というものが必要な気がしていた。
もともと免許を取った10代の時は実家にいたこともあり、多くの若者が
そうであるように実家の国産車がファーストカーということになった。大
学は実家から離れ、地方での生活をしていたので車どうのこうの言って
いる場合ではなかったし、まわりの同世代の多くは当時流行っていたオ
フロードバイクに夢中だった、そう、たしかキムタクが美容師役を演じ
ていたドラマの影響だったと記憶している。それに、まだ車というものに
付加価値を見いだすには難しい年頃だったのかもしれない。
社会人になった頃にはタイミング的に自転車ブームがきたこともあり輪
入ブランドの数十万円もするようなロードバイクを買って通勤していたの
だが、会社の同僚に全然似合っていないと失笑されたことで電車通勤に
変えた。今もそう広くない自宅のベランダに置きっぱなしのままだ。
このことが決定的かは定かではないが、何かを始めることに型から入るタ
イプだった安藤は、できるだけその考えを変えていきたいとおもうように
なったのだった。

映画監督の小津安二郎は、自然に見せることに完璧なまでの執着があっ
たらしい。『《秋刀魚の味》で岩下志麻は巻尺を手で回す場面で何度やっ
てもOKが出なかった。小津が「もう一回」「もう一回」といい続け、岩
下はNGを80回まで数えて後はわからなくなったという。』* と wikipedia
にも書いてある。さもあたりまえかのように違和感をあたえぬ振る舞いと
うものの裏側には並々ならぬ努力と鍛練があるのだな。安藤はそう解釈
した。そして自分もそうでありたいと。

* https://ja.wikipedia.org/wiki/小津安二郎

男性ファッションの王道がスーツだとするならば、車の王道はセダンにほかならない。偶然読んでいたカード会社の会報誌の文面に目がとまった。低重心の安定性と車内の静粛性はリッチで上質な走りを楽しむことができ、大人の最新型高級セダンならではのダンディズムを伝えてくれると。少し心が揺らぐ。しかし安藤の普段のファッションはスーツでもなければコンサバともいえない。よってセダンタイプの車は選択肢から外すことが考え方とするなら自然である。

知り合いのフードスタイリストが数年前に車を買ったときの話を思い出した。多くの現場に行き、何人もの関係者と接する職業だけあり、あまり目立つ車は選ばないよう心掛けたと。普段から朴訥なかんじだが、たまに言葉を選びながらゆっくり淡々とマイペースで話すフードスタイリストの彼らしい選択だと感心した。最終的には北欧の自動車会社ならではな控えめでシンプルなデザインの車種にもかかわらず、そこから更に気を使い、型落ちの数年前のデザインのモデルにしていたというフードスタイリストの良心に、安藤の心は和らいだのだった。

そしてつい先日、地元の先輩である歯科医と会食の機会があった。互いに酒は飲まないので歯科医は待ち合わせ場所に車でやってきた。一見華やかな彼のイメージとはほど遠い、でこぼこでボディが少しいびつに変化したドイツ製の大衆車を近場のコインパーキングに入れて戻ってくるなり「これ代車だから。しかも中古車。いつも乗ってる車が調子悪くてね。イギリスのヴィンテージカーなんだけど。日本に数台あるかないかなのが良いんだけどさ、よく壊れるののだけが不便なのよ。」何も聞いていない安藤にこう説明し始めたのだ。

もとからヴィンテージカーというものに興味を持つことはなかったのだが、それよりも、普通の中古車という選択肢をもう少し丁寧に考えてみようとおもうきっかけになった出来事のひとつだった。考えてみれば古着も好きだし、日常的な家具もリサイクルセンターでよく探す。むしろ40代の安藤が乗るそれなりの車を、中古車で選ぶという行為は現代的な考え方なのではないか。世の中のめまぐるしい変化の中、様々な価値観もまたたくまに変化していくこの時代、40の男が乗るそれなりの車というものの考え方も少し前とは大きく変わっているだろうに。

そうして自宅に帰り、中古車のリサーチをはじめようとする安藤にとってまさにという文字がニューストピックから目に入ってきた。
「伊藤かずえさん、初代シーマに乗り続け30年 販売店から感謝の花束」
自分の考え方はまちがっていないようだ、今日もゆっくり寝れる。

3

安藤が「人の話を聴かない男」と会ったのは土曜日の夜だった。
彼はいつものように待ち合わせに遅れた。出会って20年以上たつのだが、一度も決めた時間どおりに来たことはない。ただ彼に関しては、それは仕事にもプライベートにも平等であることが、曇りのなさを表しているともいえるのだろうか。

青山にある半地下の店に入りカウンターに席をならべコートを預けると、手馴れたおかみさんが飲み物のオーダーをとる。同時に「今日のおすすめは地野菜セット、丸々玉ねぎ焼き、とり唐揚げ黒酢になります。」と親切

221

に伝えてくれた。「何時までやってるんだっけ？」彼は食べ物のオーダーする前に閉店時間の確認をした。「11時半閉店です。」しっかりとクールにおかみさんは言った。

ふたりきりで話をするのはもう10年以来振りかもしれない。もう付き合いでいうと20年以上になるのだが、なかなかふたりきりで会うことはなかった。それだけ仲が良いということになるのかもしれない。特にふたりで会い確かめることもなければ、窺うこともなく。それでも心地よく友人でいられるというこの快適さは、彼の優しさといい加減さから成立している。ということをなんとなく確認できている気がした。

しばらくし、彼は次の酒をオーダーしながら再び閉店時間を確認し終えると、また心地よく会話に戻る。

「湘南に山を買おうとおもっている」
考えもしないような言葉が彼の口から出てきたのは、安藤が最近よく聞く二拠点生活についての話をしている時だった。生業のグラフィックデザインに加え、数年前に始めた制作会社が見事なまでの当たりっぷりなことは誰もが知ることではあるのだが、それだけ成功しても何ら出会った当時から変わらない人柄もまた彼の魅力のひとつといえるだろう。
左腕に巻いた、銀座のセレクトショップで買ったというエルメスのアンティーク時計がとても似合っていた。

安藤が出会った当時の彼は杉並の私鉄沿線ぞいのよくある賃貸マンションに住んでいた。そこからは彼の仕事の順調さと共に変化して行くことになる。杉並の次は目黒の3階建て戸建だった。そう広くないながらも、

こだわりをみせた独特の内装が記憶に残るとても素晴らしい家だった。
そしてその次が港区の高級ヴィンテージマンション。そう、現在の彼の
住まいだ。車は最高峰の外国車を2台。外資系企業の日本法人社長が多
く住むようなエグゼクティブな空間においても、相変わらず肩肘張ること
もなく生活している姿を見ることで、安藤自身も、いつか自分もそうな
ることができるのではないか。という夢を見続けていられるのだった。

彼も酒のせいか多少夢心地であるかのように、オーダーする酒の種類が
混乱しはじめる。そして三たび閉店の時間を確認した。

山の話の続きだ。一頃の移住ブームのせいもあり、今や湘南のブランド
地区は、さして東京と変わらぬまでに土地の値があがっているようだ。
そこで彼が言うには、今までに出会った多くの知り合いをつたうことで、
いまだに手をつけていない何個かの山を個人所有している地元の所有者
とのやりとりが可能になると。そこで利用する予定のない山の一部分を
購入させてもらい、自分達だけの居住空間をゼロからつくったほうが断
然コストパフォーマンスが良いということを力説している。
もちろん安藤は彼の話のことだからと話半分に聞いているのだが、あまり
にも前向きな彼のビジョンを聞くうちに、本当に実現してしまうのかもし
れないという期待と、実現したときには裏山と海の景色に挟まれた
コンクリートの打ちっぱなしのモダンなテラスで、彼と彼のファミリーと
共に贅沢なランチを楽しんでいる姿までをイメージしてしまうのであった。

「そろそろ11時半ですよ。」
良い時間はあっという間だ。まだまだいくらでも話がしたそうな彼に安藤
は告げた。

「ここ何時に閉店だっけ？」
何の悪びれることもない声で彼は言った。

やはり彼のことがとても好きなのだ、そして人生は多いに楽しむべきである。

そう改めて認識しながら、安藤は彼が自分ほどの年齢の時、どういう時計をしながら、何の車に乗り、どういった生活をしていたのか。具体的に確認してみたくなった。

そう、「人の話を聴かない男」の話を真剣に聴こうとおもい始めたのだ。

「もう一軒行きましょうか。」
そう言ったのは安藤のほうだった。

梶雄太 Yuta Kaji 1998年よりスタイリストとして活動開始。ファッション誌、テレビ、広告など多方面で活躍する。現在は、カメラマンとしても活動し、「SANSE SANSE」ブランドディレクターとしても活躍中。

ESD is an open minded for everyone and still here now

Esmeralda
Serviced
Department

GATEWAY fashion

Give me just another day.

Rita wears Kota Gushiken   photography Yuichiro Noda

Rita (NAME MANAGEMENT)   hair and make up Nori Kose (Jari, inc.)

LIFE by well   photography well & friends

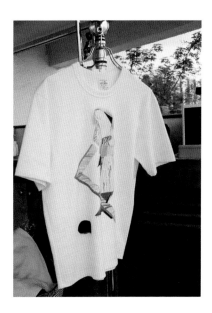

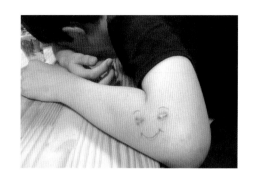

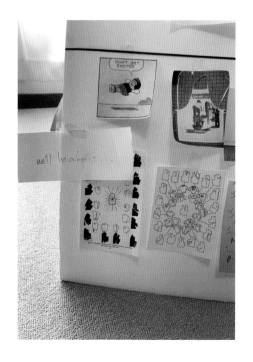

Caroline wears crepuscule   photography Naoya Matsumoto

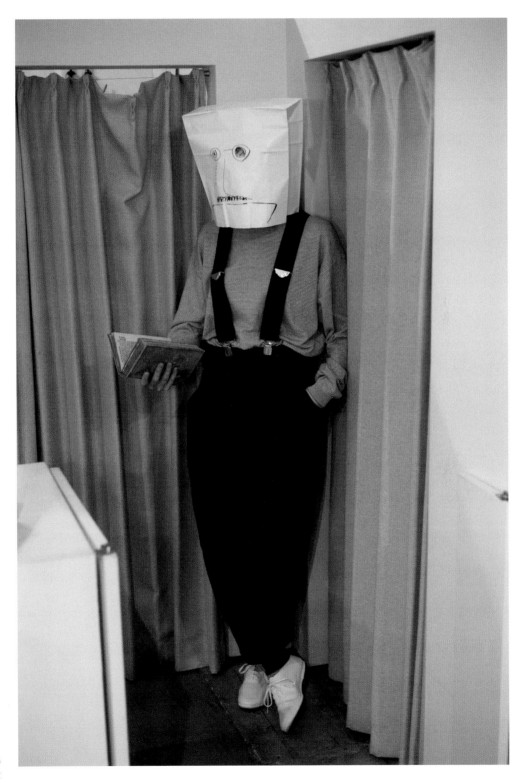

styling Kentaro Higaki (tsujimanagement)

model Randelina photography Koichiro Iwamoto styling Kentaro Higaki (tsujimanagement) hair and make up Naoki Ishikawa

Wan Marui wears PP_PP   photography Shunsuke Imai

253

Mayu Yamaguchi wears Edwina Hoerl   photography Masumi

Ishida

styling Yasuka Lee

264

Door by osakentaro   photography Kentaro Osa

266

The most beautiful towel in the world   photography Yuta Kaji

kan-pai RED ¥18,000 (+tax)

kan-pai BLUE ¥18,000 (+tax)

279

stylist Yuta Kaji

model Randelina   photograpy Koichiro Iwamoto   styling Kentaro Higaki (t:sujimanagement)   hair and make up Naoki Ishikawa

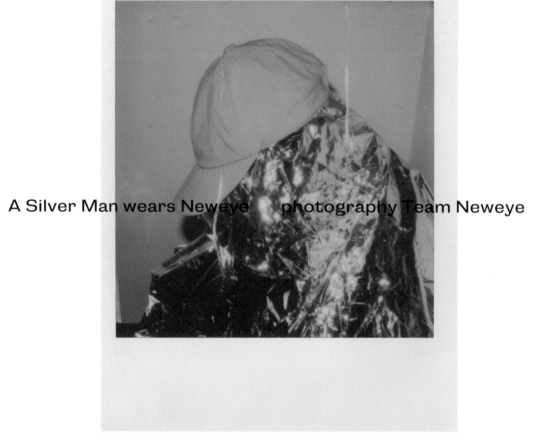

A Silver Man wears Neweye   photography Team Neweye

Sadako, Hiroka, Kanta and Ayaka wear TAI
photography Takuroh Toyama

Aya and Junko wear Already / ISSUETHINGS   photography

GATEWAY Images

clothes ISSUETHINGS

styling Tatsuhiro Tsukano   hair and make up Narumi Tsukuba clothes keisuke kanda   photography Naoya Matsumoto

styling Koji Oyamada

everybody wears PUGMENT   photography Harumi Obama

316

318

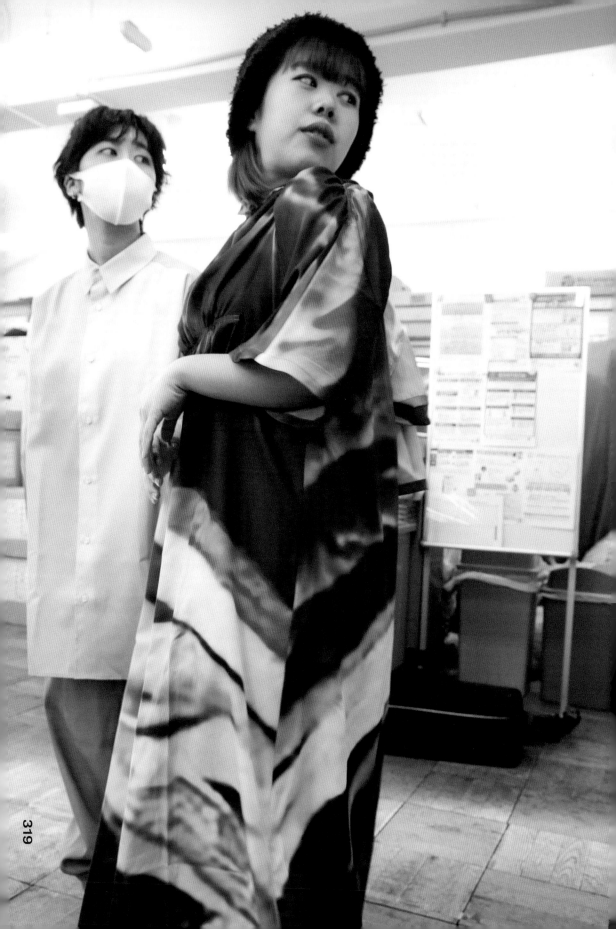

331

styling Koji Oyamada   cooperation Dressmaker Gakuin

Jeans®

デイドリーム　工藤司

337

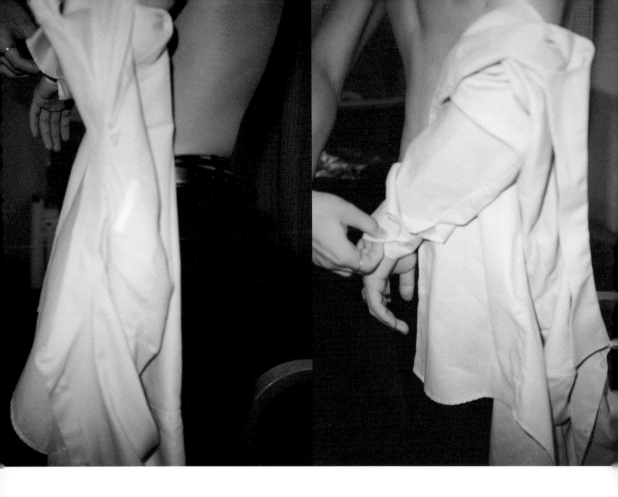

340

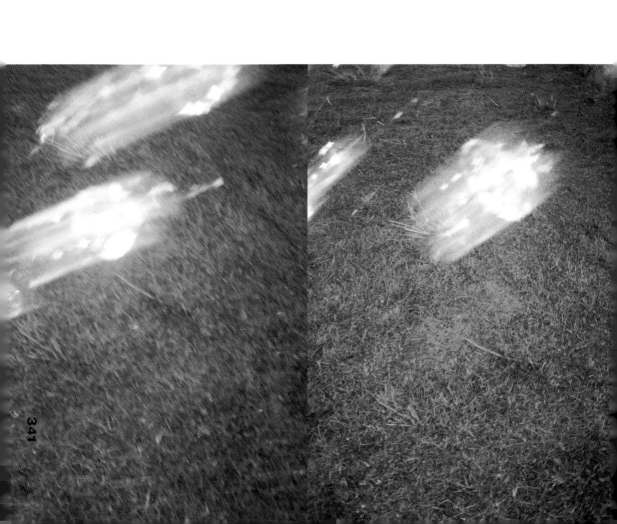

341

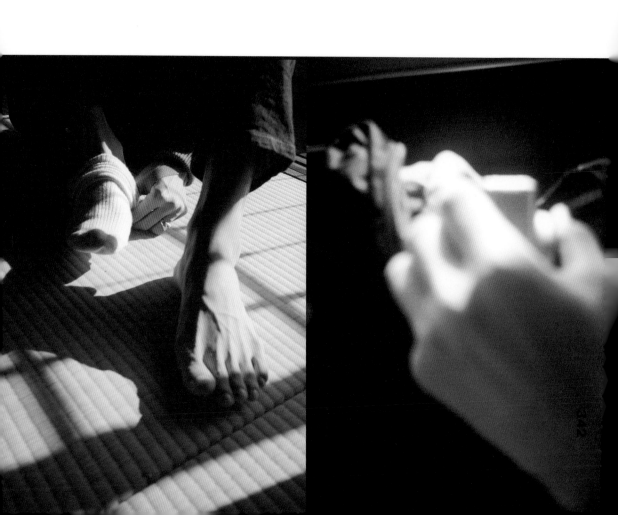

343

Thanks to Neo, Keigo, Hidemichi and Takumi

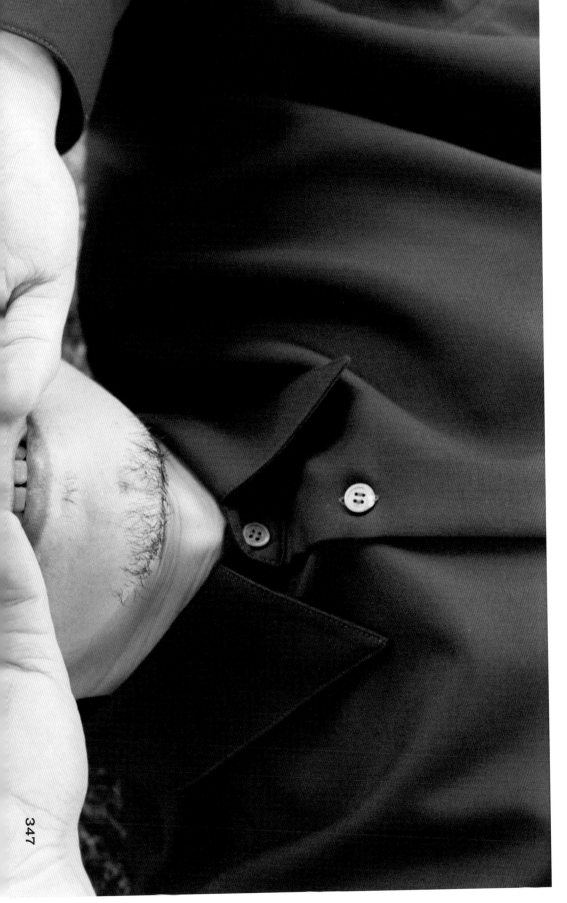

セレンディピティ ★★★★★★★★★★★★★★★★

川島小鳥　小橋陽介

347

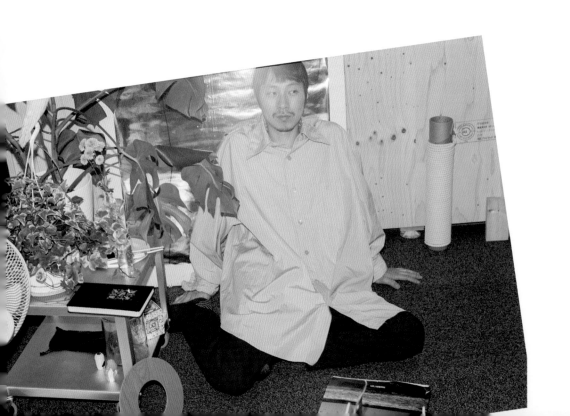

サンドペーパー

ルーズリーフ　普通紙

メモ帳　封筒

ポストカード

ノート

木炭

シール

ーびつ

ーペン

じょうぎ
メジャー

がむテープ　クリップ　ピン

飛びます

ガムテープ

マスキング　両面

デアス　養生テープ
透明養
紙テープ

電卓
コンパス
ハンコ

磁石

Yosuke Kobashi wears Marni
photograpy Kotori Kawashima   styling Naomi Shimizu

Mazen weras AURALEE

Stacy weras AURALEE

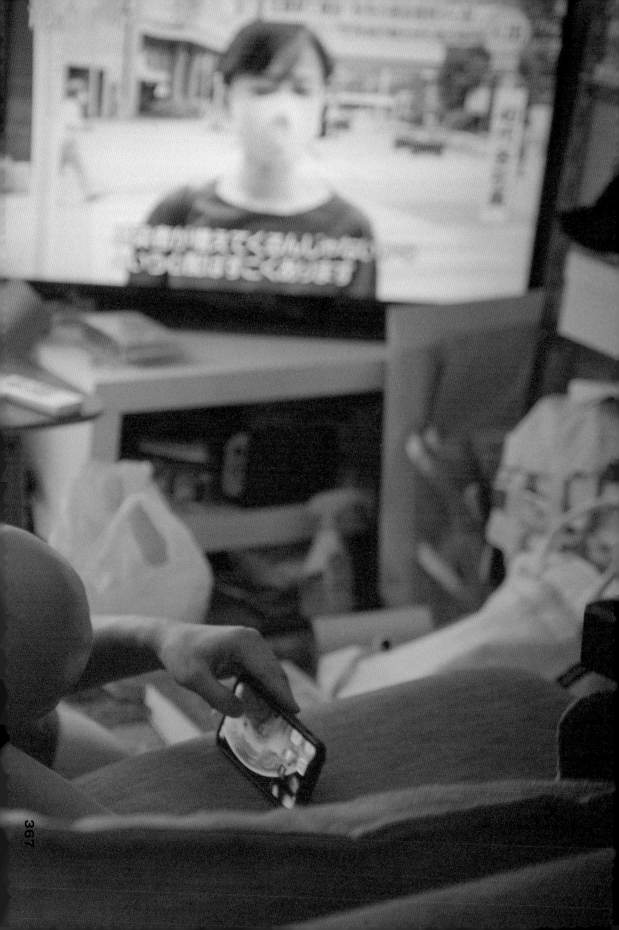

371

photograpy Kaho Okazaki

Contents

ESD is an open minded for everyone and still here now

Esmeralda
Serviced
Department

Acknowledgements

Thank you to our authors, partners, and readers.

Special thanks to
Tomoko, Hikaru and Shiori
Henk Visch
Yota Shiraishi (Dog Years)
Wanpakusha K.K.
Manabu Koshikawa (Essensha Inc.)
Chiaki Kimura (Dressmaker Gakuin)

ESD is an open minded for everyone and still here now

Esmeralda
Serviced
Department

GATEWAY　2020 12

2020 年 12 月 4 日 発行

編 集　YYY PRESS
装 丁　米山菜津子
協 力　檜垣健太郎
校 正　北村信一郎

印 刷　株式会社シナノパブリッシングプレス

発 行　合同会社米山　〒150-0001 東京都渋谷区神宮前 2-3-1 3F

定価はカバーに記してあります。落丁本・乱丁本は購入書店を明記の上、
小社にお送り下さい。送料は当社負担の上お取り替えいたします。